社内プレゼン一発OK!

「A4一枚」から始める

最速の資料作成術

稲葉崇志

TAKASHI INABA

CCCメディアハウス

装丁・本文デザイン／桐畑恭子（next door design）
編集協力／大屋紳二（ことぶき社）
校正／円水社
企画協力／松尾昭仁（ネクストサービス）
プロデュース／中野健彦（ブックリンケージ）

はじめに

みなさんは「資料作成」にどれくらいの時間をかけていますか。

働き方改革を背景に、多くの企業で社員の労働時間の抑制が課題となっています。とはいっても急に業務が減るわけでもなく、残業禁止のプレッシャーと戦いながら目の前の仕事をこなしている、そんな人も多いのではないでしょうか。個人としては、ビジネススキルを向上させ、業務を効率的に進めるしかありません。

なかでも「資料作成」は、デスクワーク中心のビジネスパーソンにとって、業務時間のうちで大きな比率を占める作業の一つです。資料をまったく作成しない日など、ほとんどないといってもいいくらいです。

しかしながら、資料作成について体系だった教育を受けられる機会はあまりありません。ＮＴＴコム リサーチと雑誌「プレジデント」が共同で実施した「ビジネスマンの資料作成に関する調査」によれば、半数を超える人が資料作成について「とくに教えられていない」と回答しており、この結果として「自分の作成した資料に自信がない人」が全体の四割を超えています。ビジネスパーソンの多くが、個々に試行錯誤しながら資料づくりを行っているのが実態です。

私自身も資料作成についての体系だった研修を受けたことはなく、これまでの会社員生活でおおいに苦しんできました。

私はこれまで、製造業、ＩＴ企業、コンサルティングファーム、シンクタンクといった業種の六社で働いてきました。伝統ある日本企業もあれば外資系企業もあり、さまざまな組織文化を体験しました。組織文化が異なれば自ずと資料に対する考えも違います。ある企業で常識とされている仕事の進め方が、別の企業では好ましくないということは珍しくありません。

たとえば、資料に関するジレンマの一つに、「正しさ」と「わかりやすさ」のバランスをどう解決すべきかがあります。上司はあるときには「読んでわかるように詳細まで書くように」と指示し、またあるときは「ぱっと見てわかるように簡潔に書け」と言います。

これらの指示の違いは資料の使用目的によりますが、おおまかにいえば、日本の企業は複数の関係者全員に伝えるために「詳細まで書け」と言われるケースが多く、外資系企業では特定の人物が即断するために「簡潔に書け」と言われることが多いようです。

私はＮＴＴグループとＩＢＭで働きました。同じＩＴ業界にありながらもこの二社はまったく異なる文化をもっています。ＮＴＴはかつての電電公社、ご想像のとおり稟議文化の強い組織です。一方でＩＢＭはスピード感があり、権限をもつ職位の人物がどんどん決断していく会社です。当然、使われる資料はまったく違います。

そのため、私は稟議文化での資料のつくり方と、即断される資料のつくり方の両方を身につける機会に恵まれました。そうして一つの方法論として形にできたのが、本書で紹介する「Ａ４一枚資料」のスタイルです。


本書では、Ａ４一枚で作成する「ドラフト」と「サマリー」のほか、Ａ４一枚のサマリーからつくる「詳細資料」の三つの資料の作成方法について説明します。

「三つもつくるの？」と驚かないでください。

まったく別の資料をつくるわけではありません。「ドラフト」はいわば設計書です。これをもとに重要なポイントを簡潔にまとめた「サマリー」をつくります。社内で使うほとんどの資料はこれで十分に目的を果たすことができます。もし、「詳細資料」が必要な場合にはサマリーにもとづいて作成します。それぞれが次のステップ（ドラフト↓サマリー↓詳細資料）につながっています。

なぜこのステップを踏むのかといえば、これが効率的だからです。たんに資料をつくるだけならいきなりパワーポイントを立ち上げて書き始めればいいでしょう。しかし、目的を果たせないものをつくっても「完成した」とはいえません。

本書で紹介する方法のポイントは、資料を使用する「真の目的」に従うことにあります。目的を正しく理解し、それを実現する適切な方法をとれば、資料の質と作業の効率を両立することができます。

この本は次のような方に読んでいただくことを想定して書きました。

◎初めて資料を作成する人
◎いつも試行錯誤を繰り返して資料を作成している人
◎部下や後輩などに資料のつくり方を教える立場の人

構成は次のとおりです。

第1章では、本書で紹介する「A4一枚」の資料作成法について総論的に説明します。そして第2章の「ドラフト」、第5章の「サマリー」、第6章の「詳細資料」の三つの資料の作成方法が本書のメインです。

第3章は「リサーチ」、すなわち資料に必要な情報の収集の仕方について、できるだけ簡単に費用をかけずにできる方法を中心に説明します。

第4章は「ビジュアル」について、スライドの基本やわかりやすいグラフや図の描き方などを解説します。この二つの章は、どんな資料を作成する場合にも知っておくべき基本的な内容です。

あえていえば、ビジネスにおける資料は情報を伝えるツールにすぎません。もちろん情報をいかに伝えるかということを軽視するわけではありませんが、ビジネスでは限られた時間で成果を得ることが求められます。

「成果を得ること」こそが資料の目的であり、それを意識できれば資料の質と作成の効率を両立する道がひらけます。

稲葉崇志

第1章

015

資料作成は「A4 一枚」から始める

第2章

045

「A4一枚」で ドラフト（設計書）をつくる

第3章

071

資料に最適なデータを探す

第4章

113

「見てわかる資料」に仕上げる

第5章

157

「A4一枚」の資料を完成させる

第6章

197

A4一枚を「詳細資料」に展開する

第1章

資料作成は「A4一枚」から始める

1 なぜ「A4一枚」がベストなのか

❶ つくりやすく、わかりやすい

本書では、社内で使われる報告書や提案書などの資料を「A4一枚」で作成します。なぜ社内資料は「A4一枚」がいいのか。それは「つくりやすく」「わかりやすい」からです。「つくりやすい」資料は作成者の負担を減らし、「わかりやすい」資料は読み手の負担を減らします。

社内では日常的にさまざまな資料が作成されています。日報や月報などの定期的な報告資料。会議や出張、事故などについての報告資料。販売動向や競合企業などの調査資料。課題解決や新事業の提案書や企画書。作業ミスなどの始末書。ビジネスパーソンはほぼ毎日なんらかの資料を作成しているのではないでしょうか。

いま、多くの企業で残業時間の削減が課題となっています。非効率な仕事をしている余裕はありません。これが「つくりやすい」資料の作成法が求められる理由です。

一方で、資料の読み手側にとっても時間に追われている状況は同じです。

ビジネスの現場では日々膨大な数の資料が作成され続けますが、もちろん資料はつくること自体が目的ではなく、読まれることが前提です。

読む側の立場に立ってみれば、読みやすい資料が好ましいとわかります。忙しい上司に複雑な資料をじっくり読み込む余裕はありません。これが「わかりやすい」資料が求められる理由です。そのため「紙一枚」を提唱する企業は、有名なトヨタの例をはじめとして少なくありません。

紙一枚資料のメリットは視認性のよさです。ぱっと見て課題や対応策やスケジュールなどの情報を把握できます。要素を一覧できる点で「一枚」にまとめられた資料にかなうものはありません。読み手とつくり手のどちらにとっても理想的です。

❗「読む人が知りたいこと」だけをまとめる

みなさんの会社の会議ではどんな資料が使われているでしょうか。

パワーポイントで作成した数十ページに及ぶ新商品戦略に関する資料、エクセルで作成された業績を示す資料など、さまざまな内容の資料が使われているでしょう。会議の議題によって使い分ける必要がありますが、使い方を十分考慮せずに作成された資料が提出されている会議を私は多く見てきました。こうした会議資料は、読む側だけでなくつくる側にも大変な労力がいります。

本書では、社内の経営会議で使うような提案書も「A4一枚」で作成します。とても一枚では説明しきれないと思いますか？　こうした疑問はもっともです。しかし逆に私から二つの質問をさせてください。

◎数十ページの資料で、あなたが担当するプロジェクトや新商品の必要性や有用性を十分に説明できますか？

◎提案や企画の承認が行われる重要な会議の場で、その数十ページの資料は会議の参加者全員に十分に理解されていますか？

私はこれまでに、資料作成に悩みをもつ多くのビジネスパーソンを見てきました。資料作成に行き詰まっている人に話を聞いてみると、資料として書くべきことは理解しています。資料の作成者はたいていの場合、プロジェクトや事業を提案する当事者ですから、内容について誰よりも深く考え、理解しています。しかし、それを整理して伝えることができないのです。

これは当事者としての意識が強すぎるために起こります。資料は情報を伝えるツールの一つです。読み手の理解レベルや期待に応じてつくらなくてはならないのですが、当事者意識が強すぎると、読み手の立場からの客観的なものの見方ができなくなることがあります。このようなとき、検討した経緯や決定事項のすべてをまとめた資料をつくってしまいがちです。これまでの思考や会話などすべてを資料に表すことなどとてもできません。そもそも、そんな必要はないのです。

ビジネスで作成する資料には必ず目的があります。

会議で使う提案書は、実行のための承認や実現のための協力を得ることを目的としています。であれば、**資料に書くべきことは、承認や実行に必要な協力を判断するために「読み手が知りたいこと」**だけなのです。

「それがわかれば苦労しないよ」と思われるでしょうか。重要なのは、「読み手が知りたいこと」は、どんな資料であってもそれほど変わらないということです。

「読み手が知りたいこと」に応えるために何を書けばいいのかは、第2章で詳しく説明します。

2

上司はどんな資料を求めているか

調査が必要な資料もある

もし上司から「資料を作成せよ」と言われた場合、その作業はじつはさまざまな可能性があります。すでにある情報をまとめて資料を作成するのか、あるいは調査や問題解決を行い、その結果を報告するのか。この二つはまったく別の作業です。

資料を作成する指示を受けた段階で、上司からの期待を読み違えてしまうと、「資料作成の失敗」どころでなく、仕事そのものの失敗になります。

作成する内容は、「上司が資料にまとめるべき内容をどこまで理解しているか」によって異なります。

「例の新しい人事制度を資料化してくれ」と上司が言うときには、上司はその資料を使って誰かに人事制度について説明することを想定しています。

この場合、上司はまとめるべき内容をほとんど理解しており、ほしい資料のイメージがおよそついているでしょう。あなたが指名されたのは、この人事制度の検討に加わっているメンバーであるなど、上司は自分と同じように内容を理解していると考えているからです。あなたは検討の結果をまとめて資料を作成します。

しかし、作成すべき資料の詳細を上司自身が知らない場合は、たんなるまとめの作業ではなく、調査や問題解決まで求められている可能性があります。たとえば「地域の起業支援の事例を資料化してくれ」と言われたら、これは上司自身がこの内容を把握するために「調査して報告せよ」という意味です。

このケースで求められているのは、わかっていることを資料としてまとめることではありません。上司は「地域の起業支援の事例」を知りたいと考えています。あなたがこの問題について知見があるのならそれをまとめることになりますが、もし十分でない場合には自ら情報を収集して、上司の目的に合う形で資料化して報告しなくてはいけません。23ページ上段のような作業プロセスになります。

❶ 問題解決まで求められることもある

こんなケースもあります。

上司が「最近部員の活気がないように思うので、資料にして報告してくれ」と言ったときには、上司は最終的にこの問題を解決したいと考えています。この場合も、あなたに期待する役割はたんなる資料の作成ではなく、課題の解決です。

まずは「活気がない」ことがどのように表れていて、その状態をもたらした原因を見つけなくてはいけません。もし原因が特定できても、それだけの報告なら「それで？」と言われてしまいます。上司の目的はこの状況の解決ですから、どうやってこの問題を解決すればいいか、その具体的な施策を提案しなくてはいけません。

資料にして上司に報告すべき内容は、部員の活気がない原因、そしてその問題を解決するための施策の提案です。

このような問題解決が必要となるケースでは、報告や提案の内容が多く複雑になりがちなので、課題と原因の報告、対策の提案を分けて報告することが有効です（23ページ下段参照）。

「調査作業」が必要なケース

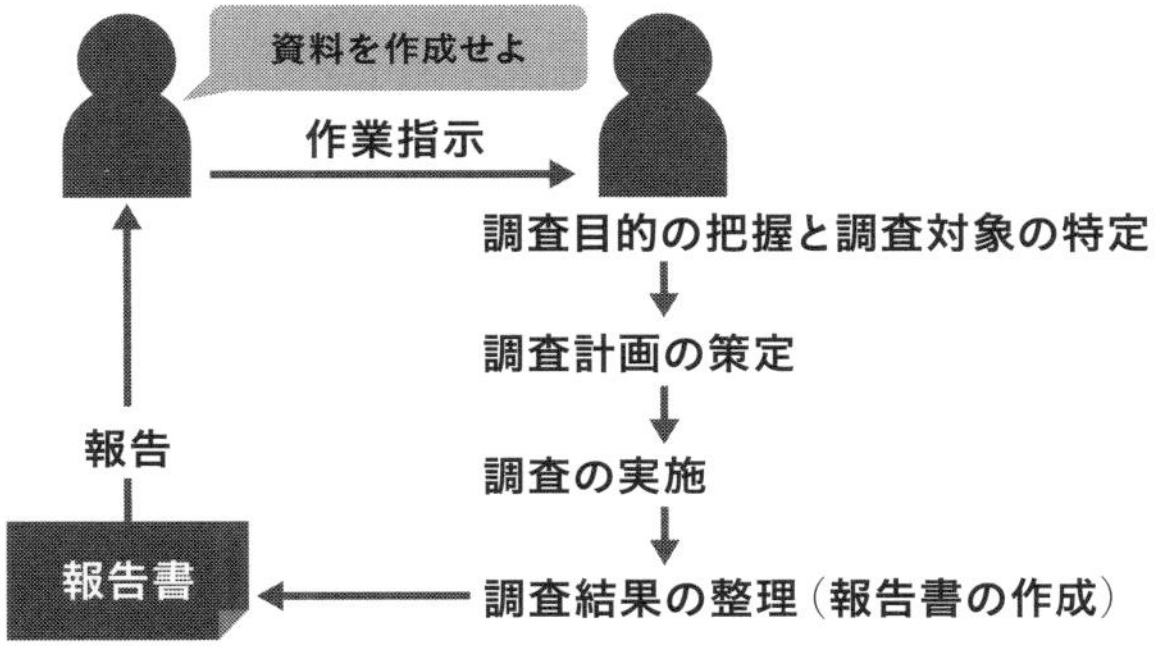

「問題解決」が必要なケース

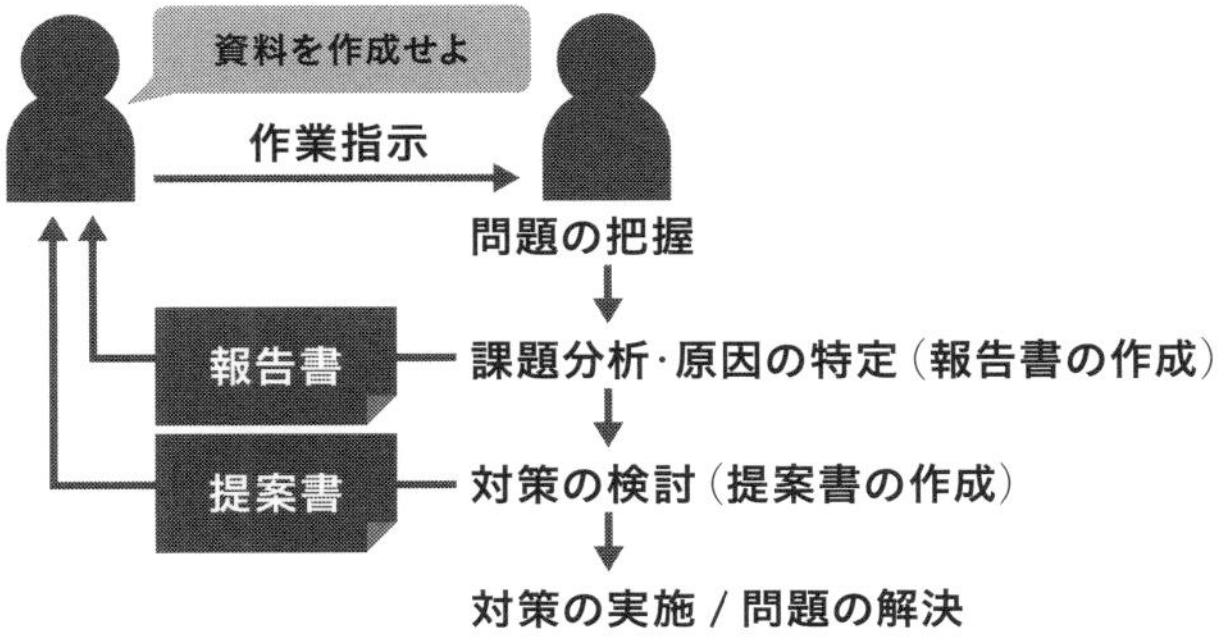

「資料をつくれ」と言われたはずが、じつは課題の解決だったなんて、不思議に聞こえるかもしれません。しかし、資料を求められているのは、そこに書かれた情報を知りたいということです。それが、すでに知っていることだけでは足りなかったということに過ぎません。

私は新人コンサルタントだったとき、上司からの指示に対して「それってどこに情報がありますか?」と尋ねて、「それをきみが調べるんだよ」とよく言われました。一度は「私の専門ではないんですが」と言ってしまい、厳しく叱られました。

コンサルタントは、クライアントが必要としている情報を提供するのが仕事です。自分が知らなければ調べるだけです。これはコンサルティングファームだけの話ではありません。どんな仕事においても、既知の情報だけで問題が解決できたり、重要な経営判断を行えることはありません。

資料作成においては、不足する情報を効率的に入手して整理して報告する、あるいは検討して解決策を提案することが求められるケースもあります。本書は資料作成にフォーカスしていますが、資料化すべき情報を収集するところから始まる仕事もあるということを理解しておかなくてはいけません。

3 「報告書」と「提案書」の違い

❗ 読み手の行動を求める

会社で作成される資料のほとんどは「報告書」と「提案書」に分類できます。

「報告書」には、定期的につくられる日報や月報などがあります。営業や保守業務などの職種ではおなじみの資料です。ほかにも事故報告書や出張報告書などがあります。始末書や会議議事録なども、事実を報告する目的でつくられます。

「提案書」には、新しい製品やサービスの開発などの企画書、業務改善などについての提案書があります。

「報告書」と「提案書」を分ける最大の違いは、その目的です。

報告書は、過去または現在の事実について読み手に「伝えること」を目的としています。一方、提案書は「伝える」だけでなく、読み手の「行動を求めること」を目的として

「事実を伝える資料」と「行動を期待する資料」

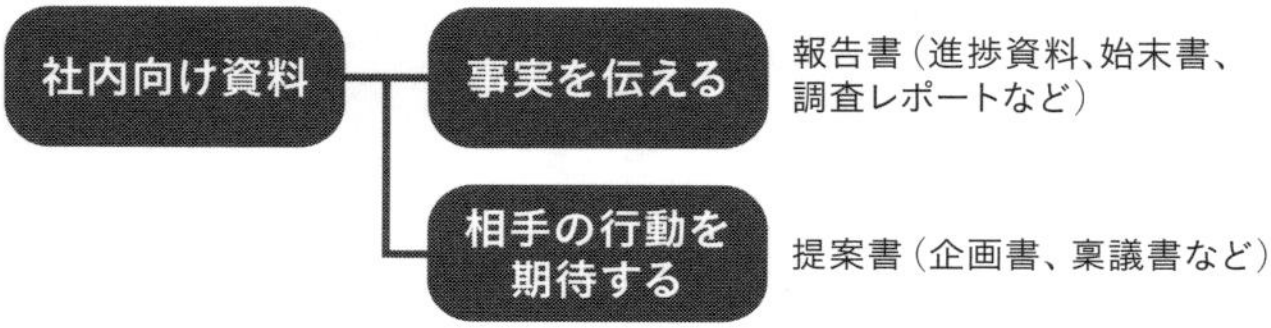

います。内容についての実施の承認や協力の依頼といった、読み手への期待が必ず含まれています。

たとえてみると、ポエムとラブレターの違いです。あなたが異性に手紙を渡すとします。そこに自分の好きなポエムを書いたのであれば、「いい詩ですね。感動しました」などの感想が聞ければ満足です。しかしラブレターを渡すのであれば、期待するのは感想ではありません。そこには相手への愛を説くだけでなく、「つきあってほしい」と相手への期待をはっきりと書いているはずです。

❗ 資料に意志を込める

提案書には、「伝える」の先にある「行動を求める」こと、つまり「作成者の意志」が必要です。これが提案書の作成が難しいと感じられる理由の一つです。

とくに上司からの指示で提案書を作成するケースでは、作成が自発的な行動ではないため、もとより「作成者の意志」はありません。しかし仕事ですから、主体性をもって進めることが求められます。

実際、タイトルに「○○の提案」などと書かれているものの、誰に何をしてほしいのかがわからない「ただの読み物」になっている提案書を目にすることがあります。提案書をただの読み物にしないためには、相手にしてもらいたい行動を、作成者は正しく認識し、それを自分の意志として資料に表現しなくてはなりません。

企画や開発を担当する職種をのぞけば、日常的に提案書をつくることは少ないでしょうが、必ずその機会はあります。提案書の作成が指示された場合には、目的を達成するために主体的に取り組む姿勢が大切です。たとえ上司から指示されたお見合いであっても、告白のときには想いの伝わるラブレターを書かなくてはいけません。

三つのポイントを確実に押さえる

❗適切なクオリティでつくる

資料のクオリティを決める要素は次の二つです。

◎資料をつくる目的を正しく理解していること
◎目的に合致した内容になっていること

先述したとおり資料には必ず目的があります。その目的を達成するために相手（ターゲット）に合わせた適切なメッセージを伝えることが資料の役割であり、高いクオリティの条件です。そこで、「目的」「ターゲット」「メッセージ」の三つを明確にしなければなりません。これらを把握することは、作成者の効率的な作業のためにも必要です。

『Ａ４一枚』の資料では伝えたいことが書ききれない」と言われることがありますが、

こうしたケースの多くは、「目的」「ターゲット」「メッセージ」をきちんと意識していないことが理由です。

資料は多くの場合、その当事者が作成します。提案であれば企画を検討した人ですし、事故の報告書であれば事故の当事者や検証を行う人が作成します。先にも触れましたが、その内容にもっとも詳しい当事者は、すべての情報を資料に記述しがちです。提案書であれば、課題分析や調査結果の詳細、検討ずみのリスクといったものです。しかしほとんどの場合、これらは「目的」の達成のために必要なものではありません。

提案書であれば、資料を作成する目的は「承認をもらうこと」、あるいは対象となる部門や担当者の「協力を得ること」です。その目的に応じて必要最低限の情報に絞り込むことが重要なのです。この目的につながらない情報は不要です。

読み手の認識力や集中力にも配慮しなくてはなりません。人が一度に処理できる能力には限界があり、集中力も資料内容の理解に影響します。数十ページにわたる初見の資料をわずか数分で理解することなどできません。したがって、必要以上の情報は、読み手の認識力や集中力に負担をかけるという点で、理解を阻害する要因にもなります。

繰り返しますが、**提案書の目的はあくまでも提案に対する承認や協力を得ること**。

「資料の目的の明確化」など言うまでもないことに聞こえますが、あまりできていないというのが多くの資料を見てきた私の印象です。

❗「承認する立場」で考える

それでは、資料には何を書けばよいか、具体的に考えてみましょう。

自分を会議の出席者の一人、つまり提案に対して承認を行う側だと想像してください。誰かが提案書を配布し、内容を説明します。このとき、あなたはこの提案を承認するかどうかを判断するためにどんな情報を必要としますか。

私なら次のような視点で、資料からその答えを探します。

◎どのような提案か？【提案内容】
◎なぜこの提案が必要なのか？【提案の必要性】
◎この提案によって問題は解決できるのか？【解決の可能性】

ほとんどの読者の方も私と同じようなことを考えたのではないでしょうか。

資料の作成者から承認者側へ視点を少し変えてみるだけで、ものごとが簡単に見えてきます。それだけ当事者の頭の中には資料作成に関して必要以上の情報があるのです。そのために難しく考えすぎてしまいます。じつは資料に求められている情報は、あなたが考えているよりもっとシンプルです。

とはいえ、シンプルな資料をつくりにくいこともあります。私の経験を紹介しましょう。

あるとき、私が作成した資料の説明に対して上司から質問があり、それらに口頭で答えました。このやりとりを経て上司は納得したようでしたが、私にひと言「それらの情報をすべて資料に書いておくように」と指示しました。

後日、修正した資料を携えて上司と会議に出席したところ、他の部門の出席者から資料が詳細すぎて「読みづらい」と言われました。さらには、「何が言いたいのかわからない」といった意見もありました。その場で言葉を尽くして説明しましたが、会議の時間内にすべての出席者に理解してもらうことはできず、議案は継続審議になってしまいました。

これは、初見で詳細すぎる資料を提示してしまったために、かえって読み手の理解を得られなくなってしまったというケースです。このように、「シンプルな資料」と「正確な資料」のいずれを提示すべきかという悩みをもつ人も多いことでしょう。

❗「シンプルな資料」か「正確な資料」か

「シンプルな資料」とは、詳細を省くことで読みやすさを優先し、「その場で伝わる」ことをめざした資料です。

「正確な資料」とは、詳細まで記述することで正確な説明を優先し、「読んでわかる」ことをめざした資料です。

日本企業ではものごとが「合意」で決められることが多く、会議に参加していない人にも情報を共有するために、必要な事柄をすべて書き込んだ「正確な資料」が好まれます。

これに対して外資系企業では、決定権をもつ職位の人物が会議に参加して決定が行われるため、その場で伝わる「シンプルな資料」が効果的です。スライドいっぱいのフォントサイズでメッセージのみが書かれているような、インパクトのあるプレゼンテーションを想像してください。

その場で伝わる資料「シンプルな資料」と読んでわかる資料「正確な資料」のいずれがよいかは、その会議の目的や会社の性質によって異なります。

その場で決断される会議には「シンプルな資料」を用意し、関係者全員の合意が求められる場合には詳細まで記述した「正確な資料」を用意する。これが一般的にいわれているセオリーですが、それで判断できれば問題ありません。しかし、判断に悩むケースが多いのが実態です。複数の人から資料をチェックしてもらう場合、評価が人によってバラバラなどというのは珍しくありません。

そこで次のように考えます。立場が異なる出席者が集まる会議では、そもそも内容に関心をもってもらわなくては「目的」を達成できません。関心をもち、わからないところを質問してもらえれば、説明するチャンスが生まれます。

このように、資料を会議での相手のアクションを引き出すためのきっかけだと割り切るのなら、情報を網羅することよりも相手のアテンション（注意）を得ることのできる「わかりやすさ」を優先すべきではないでしょうか。

現実にはどのような資料を用意しようとも、「情報が足りない」と言う人、「細かすぎてポイントがわからない」と言う人、いずれかからの指摘があるのが常です。ならば相手の関心を得るための「シンプルな資料」を用意すべきというのが私の結論です。

まずはシンプルにつくる。詳細な情報が必要ならそれに対応できるようにしておく。柔軟に対応できる資料を用意するのです。

そのベースになるのが「Ａ４一枚」の資料です。

「Ａ４一枚」に書き込む要素は六つ

5

❗相手に「伝わる」資料

「Ａ４一枚」の資料に何を盛り込むか。

一枚のスペースでは詳細な情報を盛り込むことはできません。では、なぜスペースを限定するのか。それは、もっとも大切なことにフォーカスすることで相手に「伝わる」資料になるからです。

人は一度に多くの情報は処理できませんから、本当に伝えたいことをギリギリまで絞り込むことが大切です。この点、「Ａ４一枚」のスペースにはたった数項目しか表現できません。この制約こそが「伝わる」資料の秘訣なのです。

たとえば、会議で使う資料を考えてみましょう。会議では一つの議案に割り当てられる時間が限られています。また出席者の認識力や集中力も限られています。

このような条件のもとで、担当者は資料を作成した目的を果たさなくてはいけません。それが提案に関するものなら、実行に対する承認や必要なリソースをこの会議で獲得することが求められます。

それではどうすべきか。限られた時間と出席者の認識力や集中力のもと、出席者からの行動を引き出すための情報だけを説明するのです。

「A４一枚」資料では、内容によって四項目、あるいは六項目の情報を記載します。パワーポイントのA４横レイアウトのスライドを単純に四分割もしくは六分割した資料をイメージしてください（次ページ参照）。

分割された項目内容は資料によって異なりますが、提案書については六項目です。〈背景〉〈目的〉〈提案〉〈スケジュール〉〈体制〉〈課題〉の六つの内容で構成します。

そのほかの資料は基本的に四分割のレイアウトで作成します。たとえば、課題分析の報告書なら〈問題〉〈課題分析〉〈原因の詳細〉〈対策〉、事故報告書なら〈事故概要〉〈状況〉〈原因〉〈今後の対応〉といった具合です。

たった一枚の限られたスペースに何を書くべきか、これは「ピラミッド・ストラクチャー」を使って考えることができます。

提案書は6項目でつくる

背　景	目　的	提　案
スケジュール	体　制	課　題

❗「キーメッセージ」で構成する

ピラミッド・ストラクチャーとは、ロジカルシンキングのためのツールの一つです。基本のピラミッドは三段構造で、上段を下位の段が支える構造になっています（次ページ参照）。

最上段を「メインメッセージ」とし、二段目を「キーメッセージ」と呼びます。メインメッセージは資料全体の「目的」にあたります。提案書であれば、承認や合意をもらうための「○○すべき」という表現になります。

二段目のキーメッセージは、メインメッセージ（「○○すべき」）の根拠となる要素です。続く三段目は、さらにキーメッセージの根拠となる内容です。

資料の四項目あるいは六項目は、二段目のキーメッセージに対応します。

提案書を例にすると、「○○すべき」という提案（メインメッセージ）を伝えるため、次のことを説明します。

◎どのような問題が起きていて（背景）

◎何をすべきなのか（目的）

ピラミッド・ストラクチャーの基本型

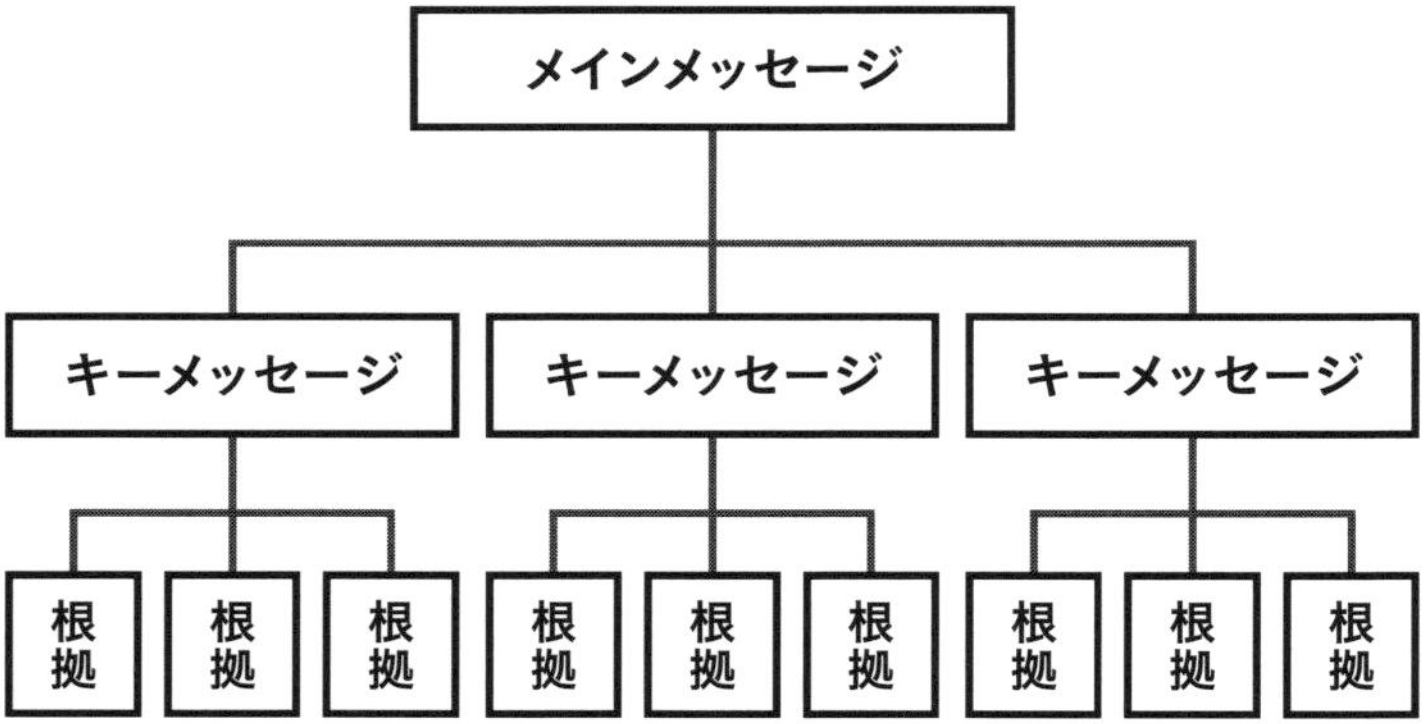

◎何ができるのか（提案）

◎どのように進めるか（スケジュール）

◎実行にあたって十分な能力があるか（体制）

◎クリアしなくてはいけないことは何か（課題）

このように、「A4一枚」資料には二段目のキーメッセージに対応する内容を記載することで、論理的な説明になります。具体的な方法は第2章で詳しく説明します。

6

「A4一枚」から始める資料作成のステップ

まずドラフト（設計書）をつくる

本書では、「A4一枚」の「ドラフト」と「サマリー」、そして、A4一枚のサマリーから展開する「詳細資料」の三つの資料の作成方法について説明します。とはいえ、まったく別の資料をつくるのではありません。

資料作成で、最初に取りかかるのは資料作成の「設計」です。

いきなり資料を「つくる作業」を始めるのではなく、まずは「考える作業」を行います。これが資料の設計であり、方向性を決定するために設計書となる「ドラフト」を作成します。

資料の作成は、多くの場合、会社の上司からの指示で始まりますが、「どんな方向性で資料をつくってよいのかがわからない」という悩みをよく聞きます。

3つの資料の関係

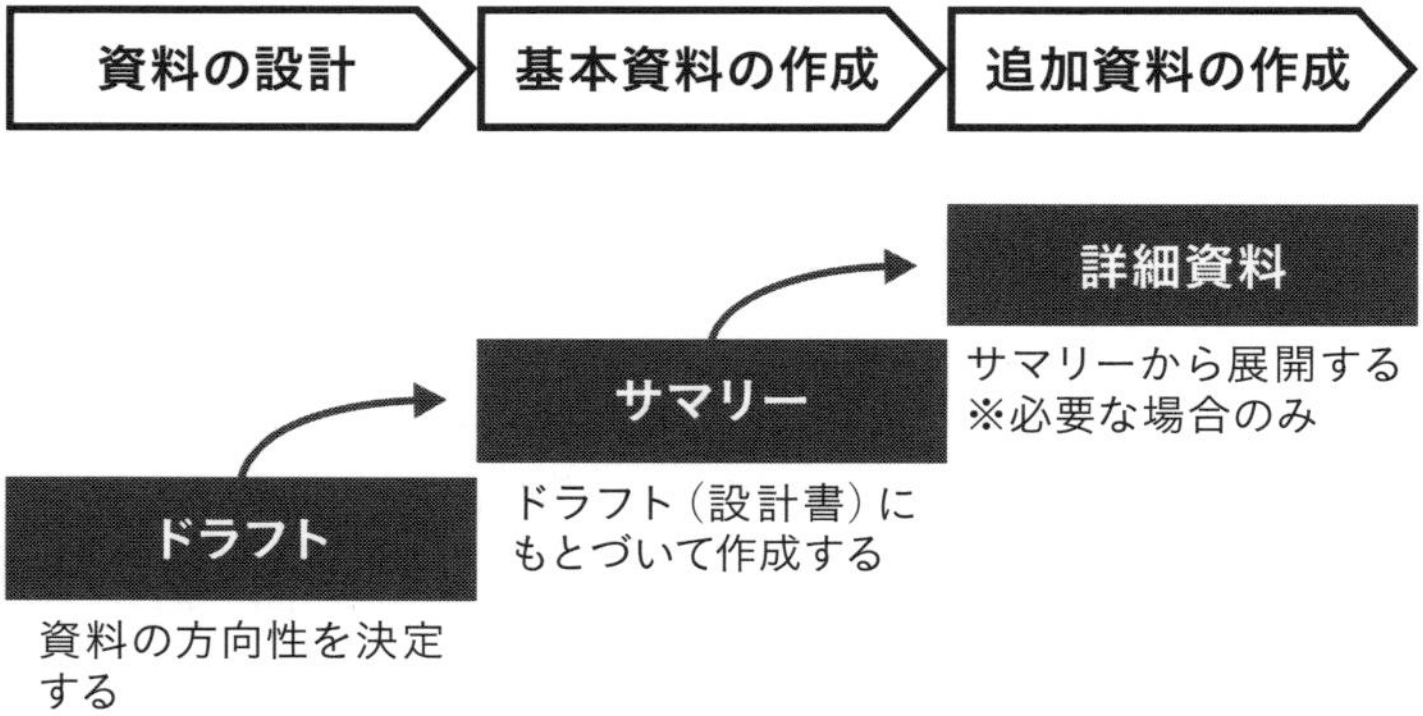

完成した資料を上司に見せたら、意図が違うなどの理由で大きな修正を求められることがあります。これは資料の目的やゴールが正しく認識できていなかったことが原因です。

もし早い段階でドラフト（設計書）をつくり、上司に確認すれば、この状況を避けることができます。

ドラフトには見栄えのよさは不要です。優先すべき価値はスピードです。作業の指示があり次第、真っ先にドラフトづくりにとりかかります（第2章でドラフトの効率的な作成方法を説明します）。

❗完成版として「A4一枚」のサマリーをつくる

ドラフトによって作成する資料の方向性がかたまれば、次はいよいよ実際に使用する資料「A4一枚のサマリー」の作成にとりかかります。

「詳細資料があってこそのサマリー（要約）でしょう？」と思った人がいるかもしれません。一般に、会議資料などで詳細な資料を十分に読み込むことが難しい場合に、内容を簡潔に要約した「サマリー」を準備することがあります。

本書のA4一枚資料の「サマリー」は名前こそ同じですが、その使い方がまったく違います。本書では、「詳細資料」ではなく、「A4一枚のサマリー」を資料の本体として完成させます。読み手とつくり手のどちらにとっても簡単な資料のほうがよいからです。

「なぜ詳細資料より先にサマリーがつくれるのか？」と考えるかもしれません。それは資料の読み手が知りたいことだけを見せるからです。そのためには資料の作成者は、資料によって誰からどのようなアクションを引き出すべきか、その目的を正しく理解していなくてはいけません。この点については第2章で具体的に説明します。

このように「A4一枚のサマリー」を資料の本体として完成させますが、それでもやはり詳細な資料が求められるケースもあります。たとえば、読み手が特定できず、伝え手である資料の作成者が口頭で説明できないような場合には、読んでわかるレベルの資料が必要です。報告書やマニュアルなどはこうした例の一つです。

また、企業では会議の場で目的を達成しても、「会議に出席していない関係者のため」や「記録のため」といった理由で資料が保存されることがあります。このようなときは読み手が特定できず、口頭での補足もできないため、詳細な資料が必要になります。

しかし、すでにサマリーを作成していれば、もっとも重要なポイントは資料化できていますから、それを詳細資料に展開するだけです。第6章では、「A４一枚」のサマリーを用いて詳細資料を効率的に作成する方法を説明します。

なお、本書では資料の作成方法を説明するにあたって、次のA社の事例を用います。

A社は、おもに電機メーカーを顧客として生産財の調達を請け負う国内中堅企業。二〇〇〇年からはインターネットを利用した生産財の調達ポータルサイト「調達いちば」を運営し、メーカーとサプライヤー（供給業者）に向けてマッチングサービスを提供している。

調達ポータルサイト「調達いちば」には資材のサプライヤーが数多く参加しており、メーカーは必要な資材のほとんどをワンストップで調達できる。メーカーにとっては他社との共同購入になることから、自社単独よりも有利な価格で調達できる。サプライヤーにとっても、各メーカーとそれぞれ取引するよりも一度に多くの注文が期待できるといったメリットがある。

この分野での「調達いちば」のシェアはおよそ四割。しかし、近年は他社による競合サービスの開始や大手サプライヤーのサプライチェーンの構築などにより、同社サイトでの取引量は低下が進んでいる。サプライヤーからの協力によりいくつかのキャンペーンを行ったが、取引量は思うように増加していない。このまま取引量が低下すると、資材のサプライヤーがサイトで展開するラインナップが減少に転じ、さらなる取引量低下に陥ることが懸念される。

そこで、「調達いちば」の運営を担当するA社のインターネットサービス事業部では、新たなメーカーの参加を促進するための施策を検討した。現在、「調達いちば」に参加しているメーカーはいずれも大企業ばかりで、中小規模のメーカーが少ない。そこで、中小規模のメーカーの参加を促すために、次の施策を行うことを考えた。

◎現行の「調達いちば」で条件としている取引量を緩和し、小ロットでの調達を可能とする。
◎調達部門の人員に余力のない中小規模メーカーのために、「調達いちば」を利用した調達計画の作成支援サービスを期間限定で提供する。
◎プレスリリースやサービス説明会の開催などのプロモーションを展開する。

インターネットサービス事業部では、すでにサプライヤーに小ロット取引への変更について打診している。施策の実行に必要な社内の他部署からの協力については、計画の承認後に調整する予定。

Ａ社の運営する生産財の調達ポータルサイト「調達いちば」をいかに活性化させるか、これをテーマに資料作成の方法を説明していきます。

第2章

「A4一枚」で ドラフト（設計書）をつくる

1

資料作成の前にドラフトをつくる

❗相手の意図を読み違えないために

「資料をつくろう」とパソコンでパワーポイントを立ち上げる前にするべきことがあります。資料の設計です。資料作成の設計にあたるステップとして、Ａ４一枚の「ドラフト」をつくります。

なぜ、ドラフトが必要なのでしょうか。

ＮＴＴコム リサーチと雑誌「プレジデント」が共同で実施した「ビジネスマンの資料作成に関する調査」では、資料作成における失敗経験として約二五％の人が「相手の意図を読み違えた」と回答しています。

◎資料の読み手を把握していなかったために相手が知りたい内容を書いていなかった。

◎会議資料なのに詳細すぎる内容で「わからない」とひと言で片づけられた。
◎「そもそも資料の体裁が期待と違う」と言われた。

みなさんにも似たような経験があるのではないでしょうか。

資料作成においては、「目的」「ターゲット」「メッセージ」の三つを明確にする必要があります。

上司からの指示によって資料を作成する場合には、そもそも資料をつくる目的や誰に提示するものか、知らされていないかもしれません。この場合は、まず上司に「目的」「ターゲット」「メッセージ」を確認します。

また、どのような伝え方をするかという方針についても、上司の考えがあるかもしれません。

上司の意図を把握することは作成者であるあなたにとってとても重要です。上司の意図と異なる資料では目的が達成できず、せっかくつくった資料自体が日の目を見ないことすらあるからです。

そこで、できるだけ早い段階で上司の意図を確認し、認識をすり合わせます。作成する資料の設計を「ドラフト」の作成を通じて行い、これを上司への確認に使うことによって認識の齟齬によるミスを防ぐことができます。次のような流れです。

作業指示を受ける（口頭で目的・ターゲットを確認する）
↓
ドラフト作成作業に着手する
↓
方針を確認し決定する（ドラフトでメッセージを確認する）

❗設計書としてのドラフトをつくる

ところで、「ドラフト」という用語はさまざまな意味に使われています。

資料作成におけるドラフトといっても、たんに完成前の資料を呼ぶこともあれば、作成する資料の構成と概要を記述した「スケルトン」と呼ばれるもの、あるいは資料の流れを記述した「ストーリーボード」などといわれるものなどもあります。ホワイトボードに手書きで記述して議論して決定するといった方法を含めて「ドラフトを作成する」というようにいわれることもあります。

本書では、ドラフトを「目的」「ターゲット」「メッセージ」を確認もしくは決定するための「設計書」として位置づけます。具体的には、テキストで記述された「A4一枚」の設計書です。

目的とターゲットは、作業指示があったときに口頭で確認できますが、「メッセージ」は資料の内容そのものに近く、作業の着手前に具体的に確認できないケースがあります。上司から作業の指示があった時点では、おそらく資料の細部までは十分に見通せていないでしょう。場合によっては、上司も必要なメッセージを明確に認識できていないこともあります。

そこで、作成者であるあなたがまず作業に着手し、検討したうえであらためて上司に確認しなくてはいけないのです。

この章では、「目的」「ターゲット」「メッセージ」を口頭とドラフトによってどのように確認もしくは決定すべきか、「A4一枚」のドラフトのつくり方とともに説明します。

2

「目的」「ターゲット」「メッセージ」を確認する

❶ 資料の位置づけを理解する

資料作成に着手する前に、「目的」と「ターゲット」が把握できていなければ、どのような体裁でどんなレベルの資料をつくればよいかわからず、作業にとりかかることができません。そこで、次のことを確認します。

目的………………読み手に何をしてほしいのか
ターゲット………「誰に」対する資料か、「どこで」使う資料か
メッセージ………何を伝えたいのか

先に示したA社の事例にもとづいて説明していきましょう。

あなたが『調達いちば』への中小規模メーカーの参加促進策」についての資料作成を

指示された場合なら、次のようになります。

目的…………「調達いちば」への中小規模メーカーの参加促進策の実行と関係部門の協力についての承認を得ること

ターゲット……社長はじめすべての取締役に向けて、来月の経営会議にて説明

メッセージ……「調達いちば」の取引量の低下を止めなくてはいけない。中小規模メーカーの参加促進策を実行するための費用支出の承認と関係部門の協力がほしい

これら三つについて具体的に説明しましょう。

〈目的〉

資料の「目的」とは、「読み手に何をしてほしいのか」です。

内容は充実していても、目的が明確でない資料があります。その場合、資料の読み手は「内容はわかった。それで?」と反応するでしょう。

ビジネスにおける資料には必ず目的がありますし、資料を読む人は相手から何らかの行動が期待されていることを認識しています。作成者が「してほしいこと」まできちんと意識していなければ、資料はただの読み物になってしまい、何の役にも立ちません。

〈ターゲット〉

「ターゲット」とは、「誰に」対する資料で「どこで」使うためのものか、です。「誰に」対する資料であるかを明らかにすることで、読み手の期待と理解レベルを把握することができます。そして、「どこで」使うのかを、資料を利用するうえでの一種の制約として把握しておきます。資料の利用シーンによって、資料化の精度やレベル、資料フォーマットが決まるからです。具体的に説明しましょう。

まずは「誰に」対する資料か。

資料の読み手が資料作成を指示した上司の場合と、他の部署を所管する取締役の場合があるとします。

資料の読み手が自分の上司なら、すでに日常の業務を通じて前提となる状況をある程度共有できているはずです。あなたの部署で日常使っている専門用語や取引先名も通じます。この場合、丁寧で詳細な資料よりも単刀直入な結論や状況の報告のみをシンプルに説明する資料が好まれるでしょう。ビジュアル要素なしの、テキストだけの資料でもよいかもしれません。

しかし、他の部署を所管する取締役にはそうはいきません。あなたの部署の現在の状況はおろか、専門用語や取引先なども把握していないかもしれません。この場合、そもそもあなたが伝えたい内容の前提から丁寧に説明する必要があります。もちろん専門用語などは使ってはいけません。専門的な情報を伝える場合には説明を補うなど、あなたが伝えたいことを理解してもらうためには、より丁寧な組み立てが求められます。

このように、読み手の理解レベルが異なるケースでは、つくる資料は違うものになります。

次に、資料を「どこで」使うのか。

利用シーンによって、資料に求められるスタイルや資料フォーマットが違います。

たとえば、資料を口頭で説明できるのか、あるいはメールでファイルを送付するのか。ファイルとして資料を送付する場合には、「読んでわかる」資料にしなくてはいけません。もし、その読み手が資料の内容について専門でない場合には、詳細でありながらもわかりやすい資料づくりという難しい作業になるかもしれません。

また、口頭で説明できる場合でも、一人の読み手に十分な時間を使って説明するケースと、多くの出席者がいる会議の限られた時間で説明するケースとではまた違います。

このように、資料作成におけるターゲットを定めるときには、読み手だけでなく利用シーンを把握することも重要です。一対一で説明するのか、それとも会議で関係者全員に説明するのか、あるいはメールで送付するだけなのか。資料の利用シーンは、資料のつくり方を左右します。

〈メッセージ〉

「メッセージ」は、資料作成の目的を達成するために読み手に「伝えるべきこと」です。大切なのは、あなたが「伝えたいこと」ではなく、**目的を達成するために「伝えるべきこと」**です。この違いはとても重要です。

「伝えたいこと」を書くだけでは読み手はアクションを起こしてくれません。読み手に何かをしてほしいのなら、そのために「伝えるべきこと」があるはずです。「伝えるべきこと」の裏には、読み手にアクションを起こさせるロジックが必要です。

このロジックは一つではありません。読み手に行動を起こしてもらうためには、メリットを理解してもらうことや、必要性を納得してもらうこと、ビジョンに共感してもらうことなど、いくつもの方法があります。

メッセージのよし悪しは資料作成の目的の達成を左右します。資料の読み手に対してより効果的なロジックを探しだすためには十分に検討や議論を行わなくてはいけません。ドラフトの作成では、このロジックを資料の「ストーリー」として検討します。

3 資料の「ストーリー」をつくる

ピラミッド・ストラクチャーで考える

目的とターゲットがわかれば、いよいよ資料の内容を考えることができます。この段階で重要なことは、資料の目的を達成するための「ストーリー」をつくることです。

ストーリーは、第1章で紹介したピラミッド・ストラクチャーを使ってつくります。次の順序で行います。

①メインメッセージの設定
②項目の設定
③キーメッセージの作成
④ストーリーの作成

ピラミッド・ストラクチャーは、上から下まで三段から成るピラミッドを基本とし、上を下が支える構造になっています（38ページ参照）。

①メインメッセージを設定する

ピラミッドの最上段に入るのが「メインメッセージ」です。これは資料の目的を達成するために、あなたが資料を通じて読み手に伝えたいことです。提案書の場合、文末は「○○すべき」という表現になります。

事例では、「『調達いちば』の取引量の低下を止めるために、中小規模メーカーの参加促進策を実行すべき」となります。

②項目を設定する

次はピラミッドの二段目です。二段目はメインメッセージを支持する関係です。つまり、「○○すべき」の根拠です。あなたの提案を納得してもらうためには、どのようなことを伝えればよいでしょうか。

これは第1章で説明したとおり、提案書の場合は、〈背景〉〈目的〉〈提案〉〈スケジュール〉〈体制〉〈課題〉の六つです。

〈背景〉と〈目的〉は、提案が必要な状況であることを理解させるための導入にあたります。続く、〈提案〉〈スケジュール〉〈体制〉は、その提案によって問題が解決できるのだと納得させるおよその実行計画です。最後の〈課題〉では、聞き手の懸念を先取りして、それらを払拭する対策を説明します。

③キーメッセージを作成する

次に項目ごとに伝えるべきことを簡潔に表現します。

このとき、じつは書くべき方向性はある程度決まっています。というのは、すべての項目にはそれぞれ「ねらい」があるからです。

事例の『調達いちば』への中小規模メーカーの参加促進策」のように、提案書は承認や必要な協力を得ることを目的としています。何を説明すれば提案に対してOKがもらえるのか、次のように読み手の立場で考えます。

背景…………現在の状況が「このままではまずい」ということ
目的…………現在の状況を変えるために「やらなくてはいけない」こと
提案…………目的達成が「これで解決できる」こと
スケジュール…提案が「無理なく進められる」こと
体制…………実行にあたって「必要な経験や能力がある」こと

課題…………懸念が「実行に問
　　　　　　題がない」こと

これらが提案書の各項目の「ねらい」です。読み手からの承認をもらうためには、これらを納得させなくてはなりません。

事例『調達いちば』への中小規模メーカーの参加促進策」では、下のようなピラミッド・ストラクチャーにもとづいて、キーメッセージを次のように設定します。

背景…………「調達いちば」の
　　　　　　取引量が低下して
　　　　　　いる

目的…………「調達いちば」の

事例「調達いちば」のキーメッセージ

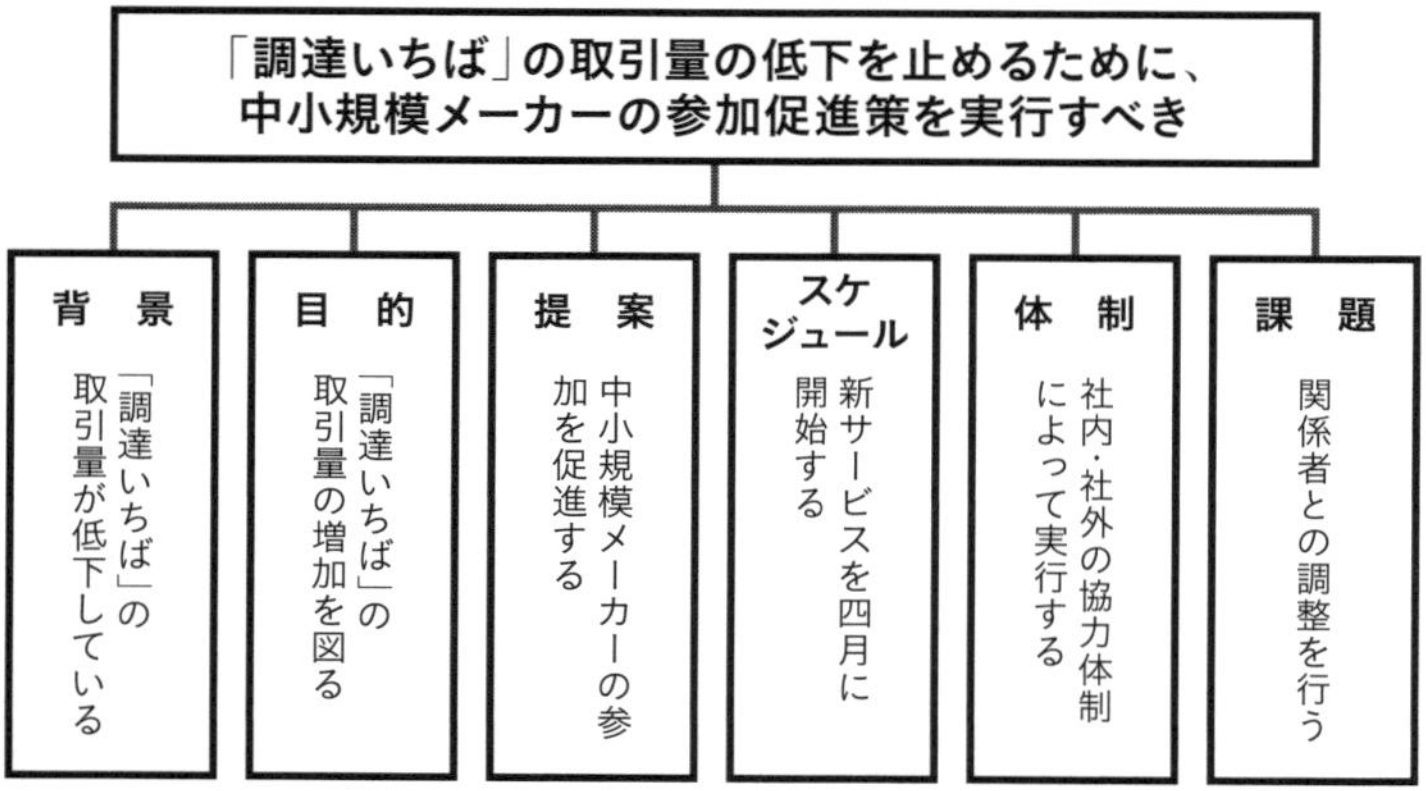

取引量の増加を図る
提案………中小規模メーカーの参加を促進する
スケジュール…新サービスを四月に開始する
体制…………社内・社外の協力体制によって実行する
課題…………関係者との調整を行う

④ストーリーをつくる

最後にストーリーをつくります。といっても、じつはストーリーはすでにできています。

各項目のメッセージを最初から通して読んでみてください。やらなくてはいけない理由とやれる理由が読み取れますか。

60ページの下段を参照してください。これが読み手からの行動を引き出す資料に必要な「ストーリー」です。客観的に納得感があるかどうかを確認してください。

これで設計は終了です。

メッセージのストーリーをつくる

「調達いちば」の取引量の低下を止めるために、中小規模メーカーの参加促進策を実行すべき

背景	目的	提案	スケジュール	体制	課題
「調達いちば」の取引量が低下している	「調達いちば」の取引量の増加を図る	中小規模メーカーの参加を促進する	新サービスを四月に開始する	社内・社外の協力体制によって実行する	関係者との調整を行う

背景　「調達いちば」の取引量が低下している

目的　「調達いちば」の取引量の増加を図る

提案　中小規模メーカーの参加を促進する

スケジュール　新サービスを四月に開始する

体制　社内・社外の協力体制によって実行する

課題　関係者との調整を行う

キーメッセージを順番に読んで、「やらなくてはいけない理由」と「やれる理由」が納得できることを確かめる

4 ドラフトを完成させる

❗ ドラフトに入れる要素は三つ

では、Ａ４一枚のドラフトをつくりましょう。

ドラフトは、図やグラフなどは用いずに、マイクロソフトのワードなどワープロソフトを使ってテキスト（文字）だけで作成します。すでに内容は決まっているので、それをＡ４一枚にまとめるだけです。

ドラフトの要素は、「資料の位置づけ」「利用シーン・作成フォーマット」「資料の内容」の三つです（次ページ参照）。

「資料の位置づけ」には、目的・ターゲット・メッセージを記述します。上司にはすでに口頭で確認している内容ですが、認識に齟齬がないことを確かめるためにも文章で表現します。

ドラフトの構成

資料の位置づけ

利用シーン・作成フォーマット

資料の内容

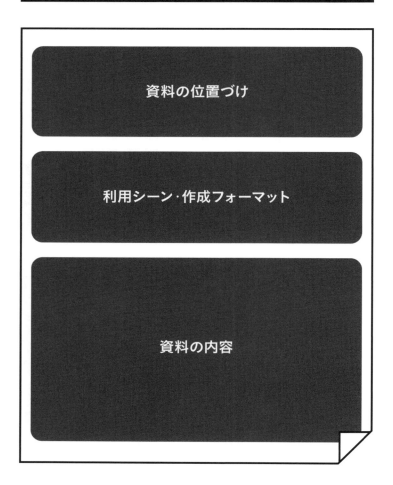

「利用シーン・作成フォーマット」は、ターゲットで確認した内容から、資料が使われる状況と資料のフォーマットを記述します。プロジェクター投影か配布資料か、また口頭説明の有無によって、資料の情報量や体裁が決まります。

「資料の内容」には、資料のタイトル、六つの項目とその概要を記述します。ポイントは、この項目が「資料の位置づけ」のメッセージを説明する関係になっていることです。

❶ 体裁よりもスピードを優先

ドラフトの作成では体裁よりもスピードを優先します。上司への確認が必要な場合には、できるだけ早い段階で作成し、確認することで修正を減らすことができます。ですから、ドラフトは必要な内容だけをテキストベースで作成します。

作成したドラフトが次の内容をクリアしているとき、上司に確認すべき条件が整ったと考えてください。

◎目的が伝わる（ピラミッド・ストラクチャーのメインメッセージに近い）表現で資料のタイトルが記述されている

◎項目名とメッセージ（ピラミッド・ストラクチャーのキーメッセージ）が記述されている
◎納得できるストーリーになっている（資料のタイトルを六つのキーメッセージが支持している）

事例「『調達いちば』への中小規模メーカーの参加促進策」を使って説明しましょう。

資料名は、〈「『調達いちば』への中小規模メーカーの参加促進策」承認のお願い〉とします。ピラミッド・ストラクチャーのメインメッセージの文末は「参加促進策を実行すべき」ですが、資料では「承認のお願い」と参加者のアクションを期待する表現にします。

次に、六つの項目名のあとに書かれた内容（ピラミッド・ストラクチャーのキーメッセージ）を見てみます。先のキーメッセージの作成での説明の繰り返しになりますが、再度確認しておきましょう。

背景と目的では、資料名に書いた「中小規模メーカーの参加促進策」を実施しなくてはいけない理由を説明しています。

背景……「調達いちば」の取引量が低下している

目的……「調達いちば」の取引量の増加を図る

スケジュール、体制、課題を見てみましょう。この三つは実行計画です。スケジュール

「調達いちば」への中小規模メーカーの参加促進策 ドラフト

資料の位置づけ

目的

- 「調達いちば」への中小規模メーカーの参加促進策の実行と関係部門による協力についての承認を得ること

ターゲット

- 社長をはじめとしたすべての取締役に向けて、来月の経営会議にて説明

メッセージ

- 「調達いちば」の取引量の低下を止めなくてはいけない
- 中小規模メーカーの参加促進策を実行するための費用支出の承認と関係部門からの協力がほしい

利用シーン・作成フォーマット

利用シーン

- 経営会議での配布資料
- 口頭説明あり、投影なし、割当時間 15 分

作成フォーマット

- パワーポイント A4 一枚

資料の内容

資料名:「調達いちば」への中小規模メーカーの参加促進策 承認のお願い

背景:「調達いちば」の取引量が低下している

- 「調達いちば」の取引数の低下(推移・グラフ)
- 「調達いちば」の取引総額の低下(推移・グラフ)

目的:「調達いちば」の取引量の増加を図る

- 中小規模メーカーの参加の促進(1 年間で 20 社、2 年間で 50 社)
- 小ロット取引の拡大(1 年間で 150%、2 年間で 300%)

提案:中小規模メーカーの参加を促進する

- 参加条件(取引量)の緩和
- 「調達計画の作成支援サービス」の提供
- プレスリリースやサービス説明会の開催

スケジュール:新サービスを 4 月に開始する

- 今年度内に既存の取引先と中小メーカー向けの説明会を実施
- 4 月にプレスリリース、新サービスを開始する

体制:社内・社外の協力体制によって実行する

- メインはインターネットサービス事業部(責任者:事業本部長、PM:B 課長)
- コンサルティング事業部とマーケティング部とにも協力してもらう(要調整)
- PR 会社、イベント運営会社に委託(費用 600 万)

課題:関係者との調整を行う

- 調査・企画フェーズにおける人員の確保(マーケティング部に協力いただく)
- 調達計画の作成支援サービスのための人員の確保(コンサルティング事業部に協力いただく)
- PR 会社、イベント運営会社の選定(広報部に相談)

資料の位置づけ

利用シーン・作成フォーマット

資料の内容

が現実的であり、必要な能力と経験を備えた体制があるとわかります。また、若干の課題はあるものの解決できそうだという見通しもわかります。

スケジュール……新サービスを四月に開始する

体制…………社内・社外の協力体制により実行する

課題…………関係者との調整を行う

5

ドラフトを使って方向性を決める

❗ストーリーを確認する

ここまでの作業で作成したドラフトは、資料の設計書です。上司の指示によって資料をつくる場合には、このドラフトを使って上司への確認を行います。

確認は対面で行います。メールでドラフトを送付してはいけません。

あなたがここまでの作業で検討した内容は、この段階では見直しが入るのが普通です。そもそもドラフトを用いた上司との打ち合わせの目的は、方向性のすり合わせです。つまりあなたの案を上司に説明するだけでなく、上司の意向や考えを受けて、よりよいロジックを探し当てる作業を行うのです。

作成したドラフトを提示し、順に説明をしながら内容を確認します。確認ポイントは三つです。

「調達いちば」への中小規模メーカーの参加促進策 ドラフト

資料の位置づけ

目的

- 「調達いちば」への中小規模メーカーの参加促進策の実行と関係部門による協力についての承認を得ること

ターゲット

- 社長をはじめとしたすべての取締役に向けて、来月の経営会議にて説明

メッセージ

- 「調達いちば」の取引量の低下を止めなくてはいけない
- 中小規模メーカーの参加促進策を実行するための費用支出の承認と関係部門からの協力がほしい

①前提となる認識は合っているか

利用シーン・作成フォーマット

利用シーン

- 経営会議での配布資料
- 口頭説明あり、投影なし、割当時間 15 分

作成フォーマット

- パワーポイント A4 一枚

②条件に間違いはないか

資料の内容

資料名:「調達いちば」への中小規模メーカーの参加促進策 承認のお願い

背景:「調達いちば」の取引量が低下している

- 「調達いちば」の取引数の低下(推移・グラフ)
- 「調達いちば」の取引総額の低下(推移・グラフ)

目的:「調達いちば」の取引量の増加を図る

- 中小規模メーカーの参加の促進(1 年間で 20 社、2 年間で 50 社)
- 小ロット取引の拡大(1 年間で 150%、2 年間で 300%)

提案:中小規模メーカーの参加を促進する

- 参加条件(取引量)の緩和
- 「調達計画の作成支援サービス」の提供
- プレスリリースやサービス説明会の開催

スケジュール:新サービスを 4 月に開始する

- 今年度内に既存の取引先と中小メーカー向けの説明会を実施
- 4 月にプレスリリース、新サービスを開始する

体制:社内・社外の協力体制によって実行する

- メインはインターネットサービス事業部(責任者:事業本部長、PM:B 課長)
- コンサルティング事業部とマーケティング部とにも協力してもらう(要調整)
- PR 会社、イベント運営会社に委託(費用 600 万)

課題:関係者との調整を行う

- 調査・企画フェーズにおける人員の確保(マーケティング部に協力いただく)
- 調達計画の作成支援サービスのための人員の確保(コンサルティング事業部に協力いただく)
- PR 会社、イベント運営会社の選定(広報部に相談)

③相手を「動かす」ストーリーになっているか

まず、「資料の位置づけ」に記載した、目的・ターゲット・メッセージがすべて認識どおりであるかを確かめます。

「利用シーン・作成フォーマット」も、ターゲットの認識に誤りがなければ問題はないでしょう。作成フォーマットの選択肢は、基本的にパワーポイントかワード、エクセルです。ワードは多くの情報を記述できますが、「読む」必要があるため、相手が十分な時間を使って読んでもらえる場合に向いています。相手に時間がない、あるいは口頭で説明できる利用シーンの場合には、ビジュアル表現が容易なパワーポイントが向いています。

最後に、「資料の内容」のパートでストーリーを確認します。ここが上司との打ち合わせのメインとなります。

「資料の位置づけ」で確認したメッセージを資料の読み手に伝えるために、六つの項目（背景・目的・提案・スケジュール・体制・課題）を使うことを説明します。

さらに、ドラフトに記載したメッセージ（キーメッセージ）をひととおり示して、読み手を「動かす」ストーリーになっていることを説明します。上司の意向や考えと合わせて、読み手の期待に応えられるストーリーを考え直すこともあるでしょう。

打ち合わせによって結論に至れば、その方向性にしたがって具体的に資料作成の作業を進めることになりますから、十分な議論を行います。

第3章

資料に最適なデータを探す

1 資料にはどんなデータが必要か

❶データでメッセージを強化する

この章では、資料に使うデータの収集方法を説明します。

データとは、資料で訴えたいメッセージの根拠となるものです。提案書で、「われわれはぜひこれをやるべきです！」と熱く説いても、その根拠を示すことができなければ、説得力をもちません。

「データ収集」というと、ある目的のために収集した情報を分析し、その結果を報告する作業を想像するかもしれません。

たとえば、自社の戦略策定に役立てるために競合する他社の強みを把握することが目的であれば、決算書を入手したり、製品やサービスのシェアや知的財産権などを調べたりすることになるでしょう。そうして収集された情報を分析し、その結果を報告します。

しかし、ここで行う「データ収集」は、こうした一連の作業とは少し違います。なぜなら、すでに資料で伝えたいメッセージがあるからです。この伝えたいメッセージの根拠となる情報を入手するのが、資料作成における「データ収集」の位置づけです。

こうしたスタンスは正しくないように思えるかもしれません。メッセージに合わせて都合のよい情報を見つけてくるように見えるからです。

しかし網羅的に情報収集をしてそこからメッセージを導くのはスマートなやり方ではありません。自らの知識と経験によって「仮説」を立て、検証を行いながら最終的な結論を導くのが、不確実な環境における効率的な仕事の進め方です。

この時点ではまだ根拠がないため、メッセージはあくまで仮説ですが、まずはこれにしたがってデータを収集します。当初のメッセージ（仮説）の根拠が見つからない場合には、入手したデータによってメッセージを変更します。仮説検証を基本とした進め方で、最短でデータを収集しましょう。

❶ 三つのステップで使えるデータを集める

データの収集は、①計画、②収集、③評価のステップで行います。

データ収集のステップ

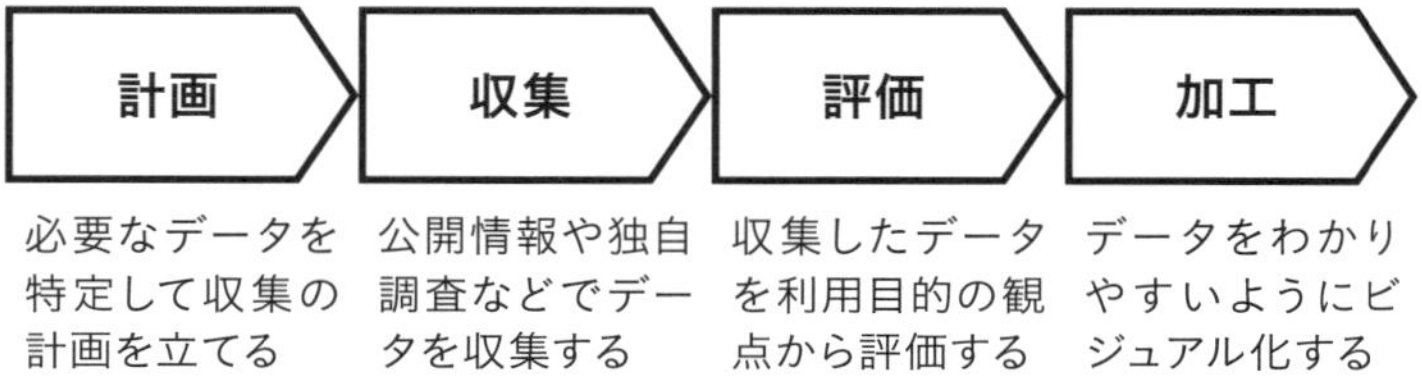

「計画」では、資料に必要なデータを特定し、対象やコストなどによってデータ収集作業の計画を立案します。

「収集」は、計画にもとづいたデータ収集の実行を指します。公開情報を探索してデータを探すのが一般的ですが、コストをかけずに独自調査を行う方法もあります。

「評価」では、収集したデータが資料のメッセージの根拠として適切かどうかを判断します。もし、適切でない場合はほかのデータを探すことになります。

さらに、「加工」の段階で、収集したデータから読み取れることをグラフなどによって、ひと目でわかるように表現します。

ステップごとに説明しましょう。

2 データ収集の計画を立てる

資料に使うデータを特定する

データ収集は、「特定の目的を達成する」ために「可能な範囲で行う」ことが鉄則です。まずは、「特定の目的を達成する」ためにどのようなデータを探すのかを明確にし、次に、「可能な範囲で行う」ため、費やすことのできる期間と費用、方法を決めます。

はじめに必要なデータを特定します。提案書であれば、「なぜこれが必要なのか」、そして「これで解決できるのか」を説明しなければなりません。根拠となるデータは内容によって異なるため、自分の資料に必要なデータを明確にしておきます。

たとえば、事例『『調達いちば』への中小規模メーカーの参加促進策」では、対策の必要性を訴えるためのデータを準備します。これには「調達いちば」の年間取引数と取引総額が適切です。また、対応の方法を決定するためには、eマーケットプレイスとしての

「調達いちば」の潜在的な市場規模や利用ユーザーのニーズ、競合するサービスの調査が考えられます。

探したいデータが特定できたら、収集の「計画」を立てます。データの収集方法と期間、費用を考えるのです。

すぐに収集作業に移らずにこのステップを置くのは、求めるデータが手に入らない可能性があるからです。ほしいデータのアタリがついている場合には、すぐにパソコンに向かって収集の作業を始めることができますが、どんなデータが収集できるのかがわかっていない場合には、まずその道筋を考えなくてはいけません。

最近ではインターネットを使ってさまざまなデータを探すことが可能です。しかし、インターネット上のデータは日々爆発的に増え続けています。あるかどうかわからない情報を行き当たりばったりで探していると、時間がいくらあっても足りません。

思っていたものと少し違うデータや古いデータ、あるいは引用しているブログなどは見つかるのに肝心のデータにたどり着かない。そうこうしているうちに相当な時間が経ってしまっている……。あぁ、この時間はムダだったと、ようやく気がつくことがあります。

資料作成者自身がデータを探す場合には、データに合わせてメッセージを修正できるため、データの収集先が無限に広がってしまいます。そこでデータ収集の計画が必要になるのです。この計画は人に見せるものではないので、自分用のメモとして簡単に作成するだけでかまいません。

❗ 期間と費用を見積もる

実際に実施可能なデータ収集方法を考えましょう。

収集方法としては、有料なデータベースの利用や独自調査の実施などもありますが、「特定の目的を達成する」ために「可能な範囲で行う」ことを前提にすると、方法には制約があります。

データには、一次情報と二次情報があります。

一次情報とは独自調査によって収集したオリジナル情報のことで、二次情報とは一次情報を加工・解釈した情報です。社内資料に使う場合、通常は公表されている二次情報を使います。

事例「『調達いちば』への中小規模メーカーの参加促進策」の場合、「調達いちば」の年間取引数と取引総額は調査するまでもなく社内で共有されていますが、「市場規模」と「競合サービス」を探さなくてはいけません。

しかし、「利用ユーザーのニーズ」は「調達いちば」に限定すると公開情報はありません。そこで、「eマーケットプレイス利用ユーザーのニーズ」や「生産財の調達に対するニーズ」として情報を探します。

収集のための期間と費用も重要です。

社内資料の作成ではスピードが求められることが多く、十分な調査を実施する余裕がないのが普通です。資料の提出期限から逆算してデータ収集の期間を設定します。「評価」「加工」に必要な期間も見積もっておきます。

費用は、インターネットや図書館などで収集できるデータは無料のものがほとんどですが、一部のニュース記事など有料の場合があります。ほかにも、書籍を購入する場合や、専門的な図書館でのデータ閲覧や複写や取り寄せ、民間のデータベースからのデータ収集などでは費用が発生する場合があります。

期間や費用など、制約の範囲内でデータ収集の計画を立てましょう。

まず「公開情報」を探索してみる

❗三つのステップで探す

それではいよいよ「データの収集」を始めましょう。入手しやすいものから探索するのが鉄則です。最初に行うのは、次のような公開情報の探索です。

◎新聞・雑誌
◎書籍
◎民間シンクタンクや調査会社のレポート
◎政府機関および公益法人の報告書
◎大学等の学術論文
◎政府統計

このように、公開情報にもさまざまな情報源がありますが、みなさんが探したいデータ

はどこにあるでしょう。公開情報の探索は三つのステップで行います

①「調べ方」を知る

②解釈つきの情報を見つける

③情報源をたどる

必要とするデータをどのように見つければよいか、あるいはそもそもどのようなデータがあるかがわからない場合には、「調べ方」を調べることから始めます。

次に、必要とする情報が、たとえば政府統計にあるとわかったとしても、これを直接見るのはなかなか大変です。データを引用している新聞や雑誌などの記事を見つけることで、データの解釈を参考にできる場合があります。

必要なデータを見つけたら、必ず情報源までたどって収集します。データは情報源までたどることが原則です。新聞記事などに引用されたものをそのまま使ってはいけません。

それぞれのステップを説明しましょう。

❶「調べ方」を知る

まずは、どのような情報が存在しているのか、そしてそれがどのような方法で入手でき

るのかを把握しなくてはいけません。

そこでインターネットで「アタリをつける」作業から始めます。具体的には、自分が思いつく単語を検索ワードとして、検索結果全体を眺めて検索ワードを見直します。これを繰り返していき、公的機関やメディアのサイト、詳しい解説のあるサイトが見つかれば、適切な検索ワードが手に入ったと考えてよいでしょう。大ざっぱな検索から始めてしだいに対象を絞り込んでいくイメージです。

適切な検索ワードを見つける作業は、適切な結果を得るために欠かせません。「まずはググれ」というのはデータのリサーチにおいても有効な方法です。

アタリをつけるために使えるほかの手段も紹介しておきましょう。

必要なデータの調べ方がわからないとき、そもそもどんな情報があるのかわからないようなときには図書館の「レファレンスサービス」が便利です。レファレンスサービスとは、利用者の学習や調査のために必要な情報や資料の探索を図書館の職員がサポートしてくれるサービスのことです。

国会図書館の「リサーチ・ナビ」の「調べ方ガイド」はインターネットで利用できます（82ページ参照）。


国立国会図書館「リサーチ・ナビ」：http://rnavi.ndl.go.jp/rnavi/

「リサーチ・ナビ」で「調べ方」を調べる

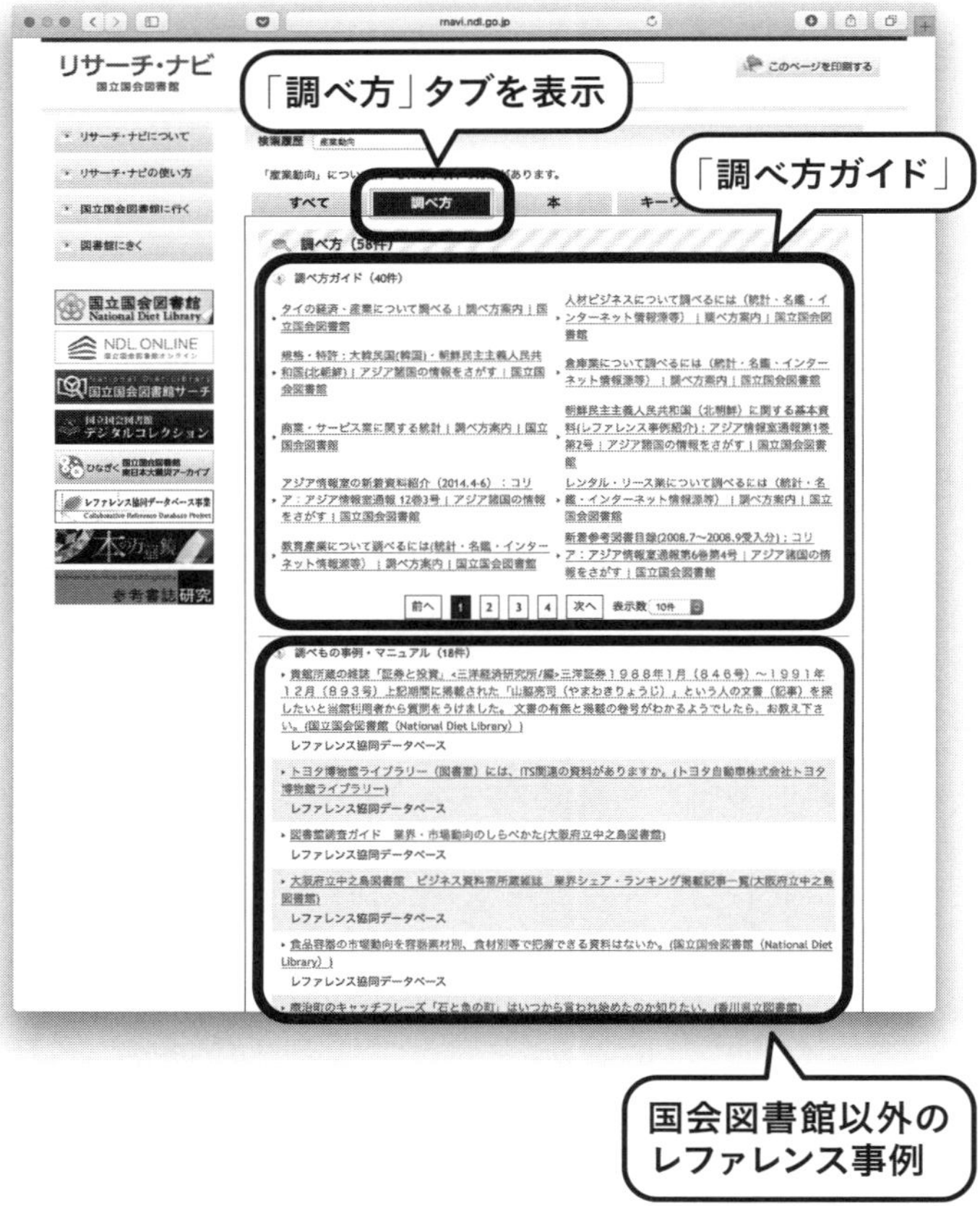

「リサーチ・ナビ」でキーワードを入れて検索します。検索結果のうち、「調べ方」タブを見ると、検索キーワードを調べるための情報源が表示されています。ここに表示されているものは国会図書館の職員が特定のテーマの調べ物に役立つ資料や調べ方のノウハウをまとめたものです。このほか、同じページには、他の図書館で行われたレファレンスサービスの事例（「レファレンス協同データベース」の検索結果）も表示されます。

どこから始めればわからないときに利用してみてください。

「グーグルトレンド」も手軽に使える有効なサービスです。ある単語がグーグルでどれだけ検索されているかグラフで知ることができます（84ページ参照）。

たとえば「働き方改革」を検索すると、働き方改革実現会議の二〇一六年九月くらいから緩やかに検索頻度が増加し、二〇一八年六月の働き方改革関連法案の成立で一気にピークに達しています。

「関連キーワード」には、検索キーワードと一緒に検索されたワードが表示されます。これを見れば社会の関心の内容がわかります。「働き方改革」の場合には、「〇〇とは」や「法案内容」などが表示されていることから、働き方改革法案の成立によって、企業に求められる対応について調べている人が多いことがわかります。

グーグルトレンドを活用する

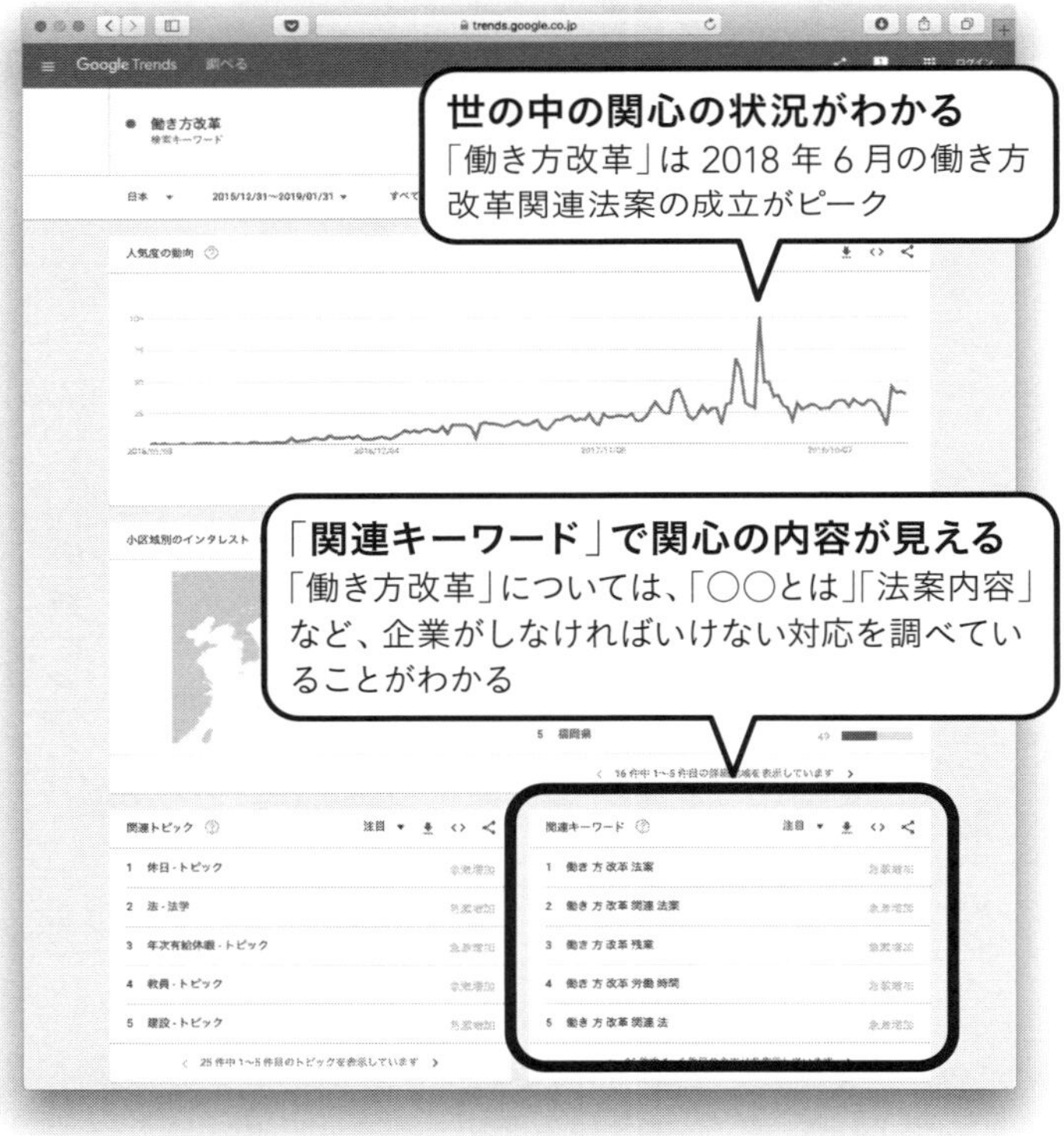

アマゾンのサイトから書籍を検索すれば、そのワードに関連してどのようなテーマがあるかがわかります。たとえば、「雇用」というワードで本を検索すると、障害者雇用から地方での労働力不足の問題まで、じつにさまざまな書籍があることがわかります。その結果から、自分がほしいデータにたどり着くためのワードが「雇用」ではなく「採用」だというような気づきを得ることができます。

また、検索結果を「出版年月が新しい順番」で並べ替えると、働き方改革やダイバーシティなどが最近のおもなトピックだということもわかります。

❶ 解釈つきのデータを探す

政府統計、調査会社のレポートをはじめ、新聞・雑誌などの公開情報には、事実と解釈の両方が含まれています。

割合は情報源によって違いますが、およその傾向はあります。たとえば、政府統計には解釈はほとんど含まれません。読む人がそれを解釈しなくてはなりませんが、同じ政府統計をもとにした雑誌の記事では、統計のある一面に着目して解釈されています。

資料作成におけるデータ収集の目的は、メッセージの根拠を見つけることでした。もし、あなたのメッセージと同じ解釈を新聞や雑誌の記事などに見つけることができればベストです。そのため、データを探索する場合には、解釈が多く含まれるものから見ていくのが効率的です。公開情報に解釈が多く含まれるのは、書籍、新聞・雑誌、民間シンクタンクや調査会社のレポートです。

書籍と新聞・雑誌の探し方を説明しておきましょう。

〈書籍の探し方〉

大手書店が近くにある方は目的の本が置いてあるジャンルの書棚を見て回るのもいいでしょう。目的の本が決まっている場合にはオンラインで注文するほうが早いかもしれませんが、書店の棚を眺めていると、検索ワードにしていなかった新しい切り口に気がつくこともあります。

書籍は図書館でチェックする手もあります。図書館の蔵書を検索するときには国会図書館のオンラインサービスが便利です。「国立国会図書館サーチ」では国会図書館をはじめ、全国の公立図書館の蔵書を検索することができます。

国立国会図書館サーチ　http://iss.ndl.go.jp/

国会図書館には日本国内で出版されたすべての刊行物が納本されるので、民間のシンクタンクが発行するレポートなども読むことができます。国会図書館は東京と大阪にしかありませんが、遠隔でコピーしてもらうこともできます。まずは必要なデータに関連してどんな文献が存在しているか、検索してみるとよいでしょう。

目的の書籍を読む前に、書評を載せているサイトやブログをインターネットで探すのも有効です。本のページをめくる時間をショートカットできるかもしれません。

〈新聞・雑誌の探し方〉

新聞や雑誌については、一般紙、経済紙、各業界の専門誌のほか、ビジネス全般ならいわゆるビジネス三誌のチェックが欠かせません。「日経ビジネス」「週刊東洋経済」「プレジデント」です。

過去の記事は、バックナンバーを購入するほかにも、定期購読者はウェブ上で読むことができます。これらの雑誌は会社や部署で定期購読しているケースがありますから確認してみてください。

会社が有償のデータベースサービスと契約している場合もあるかもしれません。日本経済新聞社が運営する「日経テレコン」や「G-Search」などのデータベースでは、主要な新聞や雑誌記事、企業情報などを検索できます。社内で契約している部署がないか確認してみましょう。国会図書館や大学の図書館でも商用データベースを利用できます。

❗ 情報源をたどる

解釈つきの情報として書籍と新聞・雑誌を紹介しましたが、インターネットには参考になるサイトが少なくありません。その代表的なものがウィキペディアとブログです。

ウィキペディアは「使ってはいけない」と言われることがありますが、これは「ウィキペディアはデータとしては適切ではない」という意味です。

ウィキペディアは誰でも執筆できることが特徴のオンライン百科事典で、多数の人が関わることによって量だけでなく質をも担保するという思想で成り立っています。しかしながら、タイミングや項目によっては第三者のチェックが機能せず、誤った情報が書き込まれていることもあり、いつでも内容が正しいとはいえません。ですから、資料作成において「出典：ウィキペディア」はNGです。

ただし、手っ取り早く情報を見つけるため、あるいは自分の理解の助けに用いるときには大変有効なサイトです。

ブログも同じです。専門家が書いているブログには参考になるものが少なくありません。データとして使うことはできませんが、理解のためには有効です。

一般に、新聞や雑誌の記事は二次情報です。データを資料に引用するときには「○○新聞によると」ではなく、「経済産業省が行った○○調査によれば」といった引用が適切です。

ただし、新聞や雑誌なども独自調査を行うことがあります。その結果を使う場合にはデータとして扱うことができます。

すでに解釈がされており、自分で解釈に悩む必要がないという意味で新聞や雑誌から始めるのがおすすめですが、一次情報を引用している場合には、情報源に直接あたることが重要です。

たとえば、総務省が行う「家計調査」は、新聞をはじめとして多くのメディアが扱います。これらのうち、「○○県の貯蓄が多い」といった記事は、その新聞の情報の切り取り方であり、調査の一面でしかありません。一次情報にあたらなければ、調査に記事とは違う面があることに気がつくことができません。

❗グーグル検索の上手な使い方

いまやインターネットの活用においては、グーグルは欠かすことのできないサービスです。データ収集を行う場合にも、グーグル検索のちょっとしたテクニックが成果を左右することがあります。

グーグルの検索オプションのうち、データ収集に有用なものを紹介しておきましょう。「サイト指定」「ファイルタイプ指定」「期間指定」です。

「サイト指定（site:）」を使えば、次のように検索対象のサイトを限定した検索を行うことができます。

日本の省庁サイト→site:go.jp
大学のサイト→site:ac.jp
日経新聞のサイト→site:nikkei.com

たとえば、次のような指定が可能です。

【検索ワード：働き方改革　site:go.jp】

この検索結果は91ページ上段のとおりです。

「ファイルタイプ指定（filetype:）」を使えば、次のように検索対象のファイルを限定することもできます。

ＰＤＦファイル→filetype:pdf

「サイト指定」で検索対象を限定する

「サイト検索」と「ファイル指定」で検索

MS-Powerpointファイル→filetype:ppt

調査レポートなどは通常ＰＤＦファイルで公開されていますから、次のように先ほどのサイト指定オプションと組み合わせます。

【検索ワード：働き方改革　site:go.jp filetype:pdf】

検索結果は91ページ下段のとおりです。

さらに、期間指定オプションを使えば、ほしい情報により効率的にアプローチできます。グーグル検索窓の下にある［ツール］から期間を指定すれば、特定期間の情報だけを対象にできます。私は新しい情報だけを見たいときには、直近の一カ月や一週間の情報のみを対象にします。検索結果は93ページのとおりです。

❶ 検索キーワードを記録しておく

必要なデータがいつも首尾よく手に入るとは限りません。また、たとえ想定していた調査が見つかったとしても、その調査の結果があなたのメッセージに合致しないこともあります。そのときは、別の類似データを探したり、メッセージ自体に修正を加えたりするこ

「期間指定」で結果を絞り込む

とになります。

このように、データ探索では柔軟に判断しなくてはなりませんが、その行動を記録しておくことが大切です。

すべてを探索し尽くすことはできないので、どこをどのように探索したかを記録しておかなければ、いつまでも同じところを掘り続けるようなことになってしまうかもしれません。

グーグルで検索する場合やアマゾンで書籍を検索する場合などは、検索キーワードと検索結果をメモしておきましょう。

コストをかけずに「独自調査」を行う方法

4

❗読み手の関心を引きつけるデータ

資料作成に必要なデータは、基本的に一般に公開されているものを使います。しかし、公開情報ではどうしても手に入らないデータもあります。あるいは公開情報として存在はしているものの、調査時期が古く、現状と変わっている場合もあります。

資料に使用するデータは信頼性の高さが求められるため、外部情報なら国が行う統計や調査からの引用が多くなります。また、売上げなどの自社データなどは、資料の読み手にとってはそれほど目新しい情報にはなりません。

もちろん、データに必ずしも新規性が求められるわけではありませんが、もし最適な一次情報が入手できれば、資料の説得力が上がることは間違いありません。ユニークな視点での調査や意外な調査結果は、それ自体読み手の関心を引きつけます。

調査のための予算をもつコンサルティングファームやシンクタンクなどでは、大規模なインタビューやアンケート調査を実施できますし、一般企業でもマーケティングや経営企画を担当する部門では、調査会社に独自調査を委託することがあります。しかし通常、社内の資料作成のためにそこまで費用や時間をかけることはできません。

ところが、現在はさまざまなサービスやツールが提供されていて、コストをかけずに一次情報を収集することができるようになっています。無償あるいは安価に実施できる調査方法を紹介しましょう。

一次情報の入手方法として代表的なのは、インタビュー調査とアンケート調査です。

インタビュー調査を行う

「インタビュー調査」は、調査会社などに委託しなくても実施できます。

もし社内にインタビューしたい人がいるのなら実行は容易です。「現在の情報システムの改善を提案する」といった場合に、情報システム部門の担当者に対して、技術的な点から実現が可能かを確認するといったケースです。もちろん費用はかかりません。

提案が実現可能であることの裏づけとして、同じような取組みをすでに行っている他社の担当者に直接話を聞かせてもらうこともできます。

雑誌などによく取り上げられる有名な事例でも、直接会って話を聞くと、新しい事実を聞かせてもらえることが珍しくありません。有名な事例というのはいずれも成功したケースであり、数多の失敗や挫折、地道な活動などについて書かれることはあまりありませんが、他社を参考にしようとした場合、むしろこのような情報こそが有効です。

しかし実際には、一般の企業でインタビュー調査はあまり行われていませんし、他社の人に会いに行くというのはなかなか勇気がいるのも確かです。

もし、紹介によって会いたい方とつながることができればベストです。こうした調査を行うことの多いコンサルティングファームやシンクタンクでは、「○○社の○○○様に会いたいので、つながるようなパスがあれば紹介してほしい」というメールが社内で日常的に送られています。まずは社内で、会いたい人物につながっている人がいないかを探すのが有効です。

社内でうまくつながらない場合でもあきらめることはありません。相手の会社の代表メールアドレスに、インタビューの趣旨やおもな質問を明記して依頼のメールを送ります。

私はこれまで社外の多くの方にインタビュー目的でお会いしています。ビジネス誌で紹介されている企業事例などでは、担当者が写真や実名入りで紹介されていることが多く、こうした方は取材慣れしていることが少なくありません。メディアに登場したことのある方には、意外に会いやすいというのが私の経験からの実感です。気になる情報が他社にある場合には、ぜひチャレンジしてみてください。

なお、お願いするときには「ヒアリング」ではなく「インタビュー」と表現します。「ヒアリング」には聴取や尋問の意味合いを感じる人がいます。忙しいときに呼び出されて聴き取られるのは嫌なものです。貴重な成功経験をもつ方に快く「インタビュー」させていただきましょう。

事例『調達いちば』への中小規模メーカーの参加促進策」では、収集予定のデータのうち、「eマーケットプレイス利用ユーザーのニーズ」や「生産財の調達に対するニーズ」は二次情報から見つけることができませんでした。

この情報は、「調達いちば」のサービスの拡張を検討するうえで欠かせないため、インタビュー調査を行うことにしました。

調査の目的は、どんな機能やサービスがあれば「調達いちば」を使いたいかを知ることなので、調査対象は、現在、同社のサービスを利用していない中小規模のメーカーです。インタビューの依頼先として、未上場企業を含む三〇社をリストアップ、このうちの一二社の協力により、調達業務の担当者に対面でのインタビューを行うという具合です。

❗「セルフ型リサーチサービス」を利用する

「アンケート調査」も、回答に協力してもらえる人を自分で確保できれば、お金をかけずに実施できます。

たとえば、SNSのアンケート機能を使う方法があります。フェイスブックやツイッターには簡単なアンケート機能があります。調査対象者は限られてしまいますが、身近な人に新しいサービスに対するニーズを確認する場合などに利用できます。

ただ、実際には知り合いだけからアンケート調査に十分な回答数を集めるのは難しいでしょう。同じSNSでもLINEの場合には、ユーザーをモニターとしてアンケートに協力してもらうことができます。

この場合、アンケートモニターの偏りに注意してください。LINEの場合には一〇代から二〇代までの利用者が多く、アンケートモニターも同様です。このため、「インターネットを使った物品購入」や「テレビ視聴時間」など、年代で異なる傾向のある質問には不向きです。LINEは、若者の消費行動や考え方などに関するアンケート調査に向いて

セルフ型リサーチサービスの活用ステップ

作成	配信／回収	集計
設問を自分で作成する	調査モニターに配信してウェブサイト上で回答してもらう	回答結果の集計を自分で行う

います。

「セルフ型リサーチサービス」を利用することも考えられます。

一般にアンケート調査を行う場合、調査を代行する調査会社に委託します。

通常、その期間は準備も含めれば約一カ月、費用は数十万円以上が必要になりますが、近年は一万円程度から実施できるセルフ型リサーチサービスが複数の調査会社から提供されています。この程度の支出が認められる場合は、使える手段が広がります。

セルフ型リサーチサービスでは、アンケートの設問やモニターへの配信設定、アンケート結果の分析を自分で行うため、そのぶん安く利用できます。自分でひと通りやらなくてはなりませんが、調査に慣れていない人でも使いやすいように工夫されていて、初めてでもそれほど難しくありません。

アンケートの作成から集計までの流れは、どのサービスでもほぼ同じです。アンケート作成、調査モニターへの周知、回収、回収結果の集計までウェブサイト上で行うことができます。

現在提供されているサービスをいくつか紹介しておきましょう。サービスの詳細は各社のウェブサイトで確認してください。

Fastask（ジャストシステム）

https://www.fast-ask.com

「ATOK」で有名なジャストシステムが提供するセルフ型リサーチサービスです。同社の調査モニター（アンケート回答に協力してくれる人）に対してアンケート調査を実施できます。設問数一〇問で一〇〇件の回収で一万円（税別）から使えます。試用のための無料トライアルもあります。

属性は「性別」「年齢」「都道府県」「職業」「未既婚」「子供の有無」「勤務先の職種」の指定が無償でできます。

Research＋「簡単アンケート」（アイブリッジ）

http://www.research-plus.net/html/simple-research/index.html

設問数五問で一〇〇件の回収が一万円（税別）で実施できます。アンケート回収時間が短く、設問数と回収数を増やした場合の費用も比較的低額に設定されています。

属性は「性別」「年齢」「住所の都道府県」「結婚」「職業」の指定が無償でできます。

アンとケイト（マーケティングアプリケーションズ）

https://research.ann-kate.jp

設問数一〇問で一〇〇件の回収が一万円（税別）で実施できます。費用は設問数×回収数×一〇円で計算される（最低額一万円）ため、一問について一〇〇〇人から回収するといった使い方もできます。属性は「性別」「年代」の指定が無償でできます。

スマートサーベイ（GRI）

https://www.smartsurvey.jp

設問数一〇問で一〇〇件の回収が五〇〇〇円で実施できます。設問に画像や動画を挿入できるのが特徴です。調査内容はアンケートの終了一カ月後にマーケティングデータとして公開されます。属性は「性別」「年代」の指定が無償でできます。

一〇〇人アンケート（ホワットエバーパートナーズ）

https://100nin.jp

設問は選択式三問＋記述式一問で、一〇〇件の回収が六八〇〇〇円（税別）で実施できます。属性の指定はできず、回収は無作為に行われます。

サイトには多くのテンプレートやサンプルが公開されているので、初めての人でも見よう見まねで始めることができます。

ミルトーク「きいてミル」（マクロミル）

https://milltalk.jp

一つの質問に対する回答を、最大で一〇〇件集めることができる掲示板をつくれます。一〇〇件すべての回答を読むには五〇〇〇円かかりますが、三〇人までのコメントは無料で読むことができます。

他のアンケート調査と違い、回答者の属性を選択することはできませんので、一般の人を対象とした調査に向いています。

私も本書を書くにあたって、資料作成における失敗体験を「きいてミル」で質問してみました。その結果を紹介します（104ページ参照）。実際の掲示板は「きいてミル」のサイトで見ることができます。

回答を分類したところ、「内容がわかりくにい」が回答全体の四割を超える結果となりました。これは「まとまっていない」「伝わらない」「ポイントがずれている」などの回答をまとめたものです。

実際の回答を読むと、作成者に作成の意図が伝わっていないという「作業上の問題」や、文章や誤字などのミスを含む「形式的な不備」、体裁やレイアウトの悪さに代表される「ビジュアルの問題」なども、「内容がわかりにくい」につながっていることがわかりました。

つまり、作成の意図をきちんと把握できていないため、そして表現方法が拙いために、伝えるべきことが伝わらない資料という結果になっていることが推測できます。

この質問は、平日の一七時過ぎにはじめましたが、わずか一時間のうちに一〇〇件の回答が集まりました。

このサービスでは回答者を限定できないこと、たった一つの質問であることなど、定量的な調査としては十分ではありません。しかし、一般のリアルな意見がほしいけれど時間

独自にアンケート調査を行う

資料作成における失敗体験

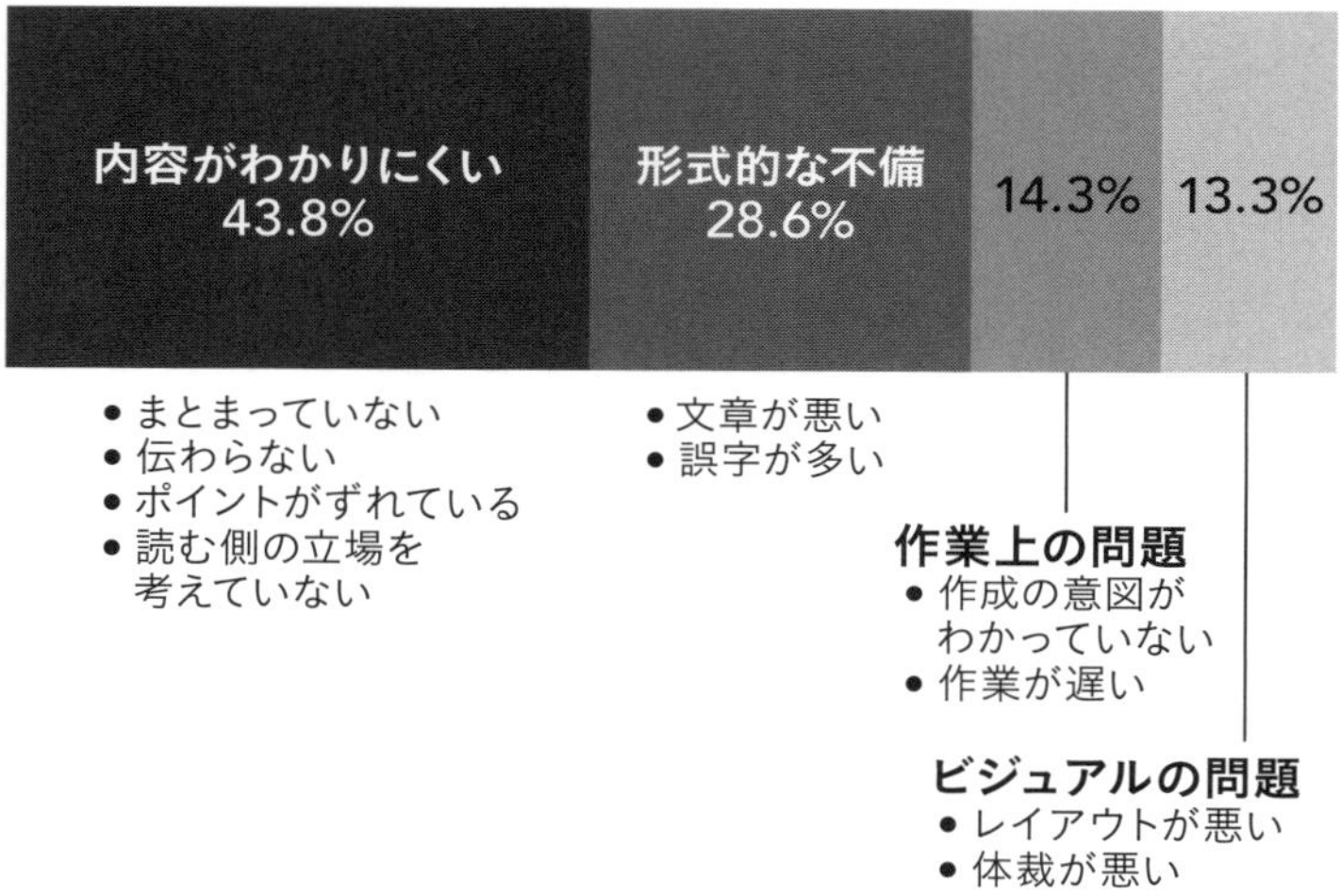

あなたの指示によって部下や後輩に作ってもらった資料、どこがダメでしたか？
部下や後輩が作った資料の改善すべき点や気になる点などを教えてください。
自分が上司や先輩に指摘されたことでも OK です。

「きいてミル」による調査、無作為による回答者 100 名
https://milltalk.jp/boards/50593

に余裕がないといった場合にはとても重宝します。なかには核心を突くようなよい意見もあり、それをそのままリアルなコメントとして提示するのも効果的です。

通常は、資料作成のために一次調査まで行うことはありません。しかし、公開情報ではほしい情報が得られないなどの事情があるとき、独自のデータはそれだけで貴重な情報になることがあります。期間と費用に余裕があればぜひ実施を検討してみてください。

集めたデータを評価する五つのポイント

5

メッセージの根拠として使えるか

現代はインターネットによって誰でもさまざまな情報にアクセスできるようになりましたが、データ収集の成否は費やした時間と労力で決まるわけではありません。もしかすると、収集できたのは当初計画したものとは違うデータであるかもしれません。入手したデータは、本当にあなたの資料のメッセージの根拠として適切なものでしょうか。

そこで、収集したデータを評価します。評価の観点は次の五つです。

・根拠としての妥当性
・データの信頼性
・調査方法の妥当性
・データの鮮度

・データの面白さ

もっとも重要なことは、資料のメッセージの根拠として使えるデータかどうかです。資料の設計（ドラフト作成の段階）では、読み手が知りたいことをメッセージとして設定しました。この時点では客観的な根拠はないのであくまでも仮説です。そして、その仮説を支持する「ほしいデータ」を探してみたのがここまでの作業です。

メッセージの根拠として整合するデータが収集できればベストですが、そうでないならば、存在するデータに合わせてメッセージを変えなくてはなりません。

根拠とする事実のことを「ファクト」（fact）ということがあります。主観を含まない事実であることを強調した言い方ですが、このファクトにも「強さ」があります。二次情報よりも一次情報、定性情報よりも定量情報のほうが「強いファクト」です。また、信頼性のある情報源からのデータがより「強いファクト」だといえます。信頼性の高いデータとは、すなわち「強いファクト」のことです。

たとえば、日本に居住しているすべての人および世帯を対象として実施される国勢調査は「強いファクト」です。メッセージの根拠にはできるだけ「強いファクト」を使います。データが疑わしいとそのメッセージまで疑われてしまうからです。

二〇一八年、厚生労働省の「毎月勤労統計調査」で不適切な調査方法が行われていたことが明らかになりました。この統計が示していた企業賃金の上昇はアベノミクス政策の成果を示すために使われていたことから、今回の問題により統計の信頼性だけでなく、政策の信頼性まで疑われる状況になりました。もちろん、統計が不適切だからといって政策が失敗だという因果関係はありません。しかし、この問題によって政策の評価の根拠が揺らいだことも事実です。

データは、信頼性の高い調査主体が行う調査を使うのがポイントです。民間会社ではメーカーや流通といった会社よりも新聞社が行う調査のほうが信頼性は高いといえます。また、新聞社よりも国の機関が行う調査のほうが信頼性は上です。

❗ データの調査方法は適切か

調査方法が適切であることも重要です。厚生労働省の問題は、全数調査であったはずが一部の事業者のみを対象にしていたため、まさに不適切な調査方法であった事例です。

しかし、調査方法が適切であっても、調査目的に対して妥当でない場合もあります。たとえば、「ネット決済の経験の有無」をインターネットのアンケートで調査したらどうなるでしょうか。そもそもインターネットを使わない人はこの調査では回答者に含まれません。ネット決済をしたことのない人の一部が対象から外れてしまうため、調査結果は本来よりも「ネット決済を経験している人が多い」となるでしょう。

アンケート調査のような定量調査は客観性が高いように見えますが、このような「偏り」を完全に防ぐことはできません。もちろんインタビュー調査にしても、聞き方や記録などで何らかの「偏り」がかならず存在します。

さらにいえば、営利目的である民間企業が行う調査では、自社が不利になるような結果を公表することはありません。調査の手法が適切であったとしても、調査目的に対して妥当な手法で行われていたかどうか注意する必要があります。

データの妥当性を確認するポイントは調査の手法です。調査サンプル数が十分な数か、そしてサンプル抽出の方法が適切かを確認します。

マーケティング調査には少なくないのですが、「自社製品の顧客一〇〇名に対する調査」などとなっていたら信頼性のあるデータとはいえません。調査手法が開示されていないもの、あるいはたんに「当社調べ」などとなっているものは論外です。このような偏ったデータの引用は、資料のメッセージの信頼性まで損なう可能性があります。

二次情報を使う場合は、必ずしも最新の情報が入手できるとはかぎりません。政府統計にも数年おきに実施するようなものがありますし、民間企業では一度しか行われない調査のほうがむしろ多いかもしれません。

古い情報が必ずしも使えないというわけではありませんが、調査の内容が時間の経過によって変わりやすいものかどうかを判断しなくてはいけません。入手した記事に古い統計が引用されていた場合には、同じ調査がより新しい時期に行われていないかを確認しましょう。

❗「面白いデータ」はいらない

「面白いデータ」には注意します。データの面白さとは、意外性のある調査結果や、ほかに見ない調査テーマのことです。

メッセージの直接の根拠にならないかもしれないと思いつつ、興味深い調査結果についつい深入りしてしまうことがよくあります。こうしたデータを捨てるのは惜しいと思うものです。そしてそれを使いたいと思うあまり、そのデータを活かすようにメッセージを歪めてしまうことに気をつけなくてはいけません。

資料に限りませんが、「正しさ」と「面白さ」はほとんど両立しません。正しいものは面白くなく、面白いものは正しくないことが多いものです。面白い結果の調査には気をつける必要があります。誤った結論を導く調査には、調査の対象者や方法に問題があることがほとんどです。

そもそも、社内資料のメッセージの根拠となるデータに「面白さ」は必要ありません。資料の読み手に期待する行動をしてもらうためには、読み手が知りたいと思うことを示すことです。

第4章

「見てわかる資料」に仕上げる

1

「伝わりやすい資料」とは

見た目に凝るのは最悪

資料をつくるときの悩みとして、「色の組み合わせが難しい」とか、「デザインセンスがない」という声を聞くことがありますが、これらの悩みは本質を間違えています。

資料作成の目的は、メッセージを読み手に伝え、その結果として相手に期待する行動を起こしてもらうことです。もし、資料作成が「うまくいかない」と感じているなら、それは「相手に理解してもらえない」とか「相手が期待するような行動をしてくれない」という理由が妥当です。

誤解をおそれずにいえば、社内資料の見た目に凝るのは最悪です。忙しいビジネスパーソンにはそんなことをしているヒマはありません。美しいビジュアルというのは読み手の感性に委ねられるものであり、見た目の美しさにこだわるときりがないのです。

社外向けの資料ならともかく、社内の資料は目的を達成すること、その前提として相手に伝わること、これが満たされるのなら見た目など二の次です。もし対面で十分に説明する時間があるのなら、手書きの資料でもかまわないくらいです。

とはいえ、「伝わりにくい表現」と「伝わりやすい表現」はあります。

たとえば、パワーポイントのスライドは、左から右、上から下に読んでいきます。もし右のオブジェクトから左のオブジェクトに対して矢印が引かれていると、読み手はそこに特別な意味を期待します。このような読み手が期待していることを裏切るような表現をしてはいけません。

また、正確な情報を提供しようとするあまり、必要以上に詳細な表やグラフを提示してしまうこともありますが、読み手にデータの意味を解釈させるようなことをしてはいけません。

もちろん、こうしたビジュアルの問題は資料の本質ではありません。いわば資料作成における「お作法」です。しかし、このような「お作法」を知らないと、気づかないうちに読み手の理解を阻害するような資料をつくりかねないのです。

本章では、パワーポイントでつくる資料の基本的な作法を紹介します。資料作成に慣れていない方にには、最低限守るべきことがわかり、すでにある程度知っている方は、ざっと見直すことでより深く理解できるようになるでしょう。

次の順番で説明していきます。
①スライド表現の基本
②ひと目で伝わるグラフのつくり方
③イメージを伝える図のつくり方
④文章表現の基本

❗NTTとIBMの違い

資料のスタイルは、その会社の文化と資料を使うシーンによって大きく異なることがあります。私自身の経験からいくつかのケースを紹介しましょう。

NTTドコモやNTTデータで、私はプロジェクトの承認や発生した問題への対応の協力を得るために、多くの資料をつくりました。ここでは基本的に「読んでわかる資料」が好まれました。

NTTは部門間の壁が高い官僚的な組織が特徴です。作成した資料は、相手に提示する前に所属する部署の複数の上司によってチェックされます。社内向けの資料にも完成度の高さを求められました。チェック回数に比例して補足説明が増えていき、資料の情報量は多くなりがちでしたが、クオリティは間違いなく上がりました。きちんと読めばたいていのことが一編の資料でわかる、そんな資料です。

しかし、経営会議に上程するような場合には、審議時間が短いため、一転して資料には内容の絞り込みが求められました。NTTドコモの経営会議では、パワーポイントで作成されたA4資料四枚を一枚に集約し、A3でプリントしたものを配布していました。まず詳細な精度の高い資料を作成し、それを利用目的や読み手に合わせて抜粋したり、要約したりするなどして利用していたのです。NTTグループでは基本的に「読んでわかる資料」が求められました。

一方で、IBMの資料文化は効率を優先する外資系企業らしいものでした。かつては詳しい資料を丁寧につくる官僚型組織の代表のようにいわれましたが、一九九〇年代に業績低迷にあえぐIBMを救うためにCEOとして招聘されたルイス・ガースナーによって劇的に文化が変わりました。ガースナーは、事前に作成した膨大な資料を会議で長々とプレゼンすることを無駄だと断じ、パワーポイントで会議資料を作成することを禁止したといわれています。

私が日本IBMに在籍していたのはガースナーが去ったしばらくあとで、どこの部署でもパワーポイントが使われるようになっていました。しかし、NTTグループとは違い、会議のために詳細な資料を求められたことはあまり記憶にありません。もちろん説明のために必要な情報は用意しますが、体裁にはこだわりません。

ＩＢＭでは、自分の上長への報告だけでなく、他部署との調整を行う場合でも、直接メールや電話でアプローチし、口頭でコミュニケーションを始めることができます。頻繁に世界各国のＩＢＭメンバーとやりとりを行うため、優先するのは異文化間で齟齬のないコミュニケーションであり、美しい資料ではありません。

しかし、クライアントに対するプレゼンテーションは、社内向けのプレゼンとはまったく違います。クライアント企業の幹部を前に行うプレゼンでは資料は配布せずにプロジェクターの投映だけで行うのが基本です。

このプレゼンテーションの目的はとても明確で、それはクライアントからの契約の獲得です。資料を提出するようなことをせず、相手のキーパーソンの心をプレゼンの場で動かし、契約を進めるのがねらいです。

ロジックだけでなく、「Emotional（感情に訴える）」な要素により、聴衆の心を動かすストーリーをつくり込みます。プレゼンの主役はプレゼンターであり、投影される資料はプレゼンターのメッセージを補足するためのツールの位置づけです。印象的な動画や画像、効果的なアニメーションを用い、プレゼンターの動きに合わせて自然に展開されるようにつくります。「相手を動かす」プレゼンが求められたのです。

❗社内資料はスピードやコストが優先される

このように、NTTグループやIBM、そしてIBMでも社内向けと社外向けではこれほど資料に対するスタンスは違います。

NTTグループとIBMには、会社としての背景や組織がたどってきた経緯から文化が大きく異なっており、それが資料の違いに現れていることは間違いありません。NTTドコモの経営会議で使うようなA3一枚の資料は、目の前の意思決定者に向けたプレゼンには向いていないでしょう。また逆に、IBMのクライアントに対して行うプレゼンテーションで投影する資料は、とても「読んでわかる資料」とはいえません。

社外向けの資料と社内向けの資料では優先される価値がまったく違います。社内資料では、見た目の美しさなどではなく、完成までのスピードやコストが優先されます。これはIBMのような外資系企業でも同じです。

社内資料は、わかりやすい資料を効率よくつくることが求められます。

スライド表現は基本がわかれば簡単

❶ スライドの三つの要素

資料は「見てわかる」ようにつくります。読み手は、作成者のあなたよりも資料に対して関心をもっていないでしょうし、集中力も続きません。作成者からすれば「読めばわかる」と言いたいところですが、「見ればわかる」というレベルが理想です。そこで、できるだけグラフや図などの視覚情報を活用します。

ビジュアル要素が含まれる資料をつくる場合には、ビジュアル要素のすべてに意味があることを知っておかなくてはいけません。オブジェクト（図形など）の色や形、配置、もし複数のフォントやグラデーション、影などを使うのなら、それらすべてに意味がなくてはいけません。無頓着にこれらの表現を使うと読み手は混乱します。

読み手は、色や形、配置などのビジュアル表現から、一般的な意味合いを期待します。

スライドの構成

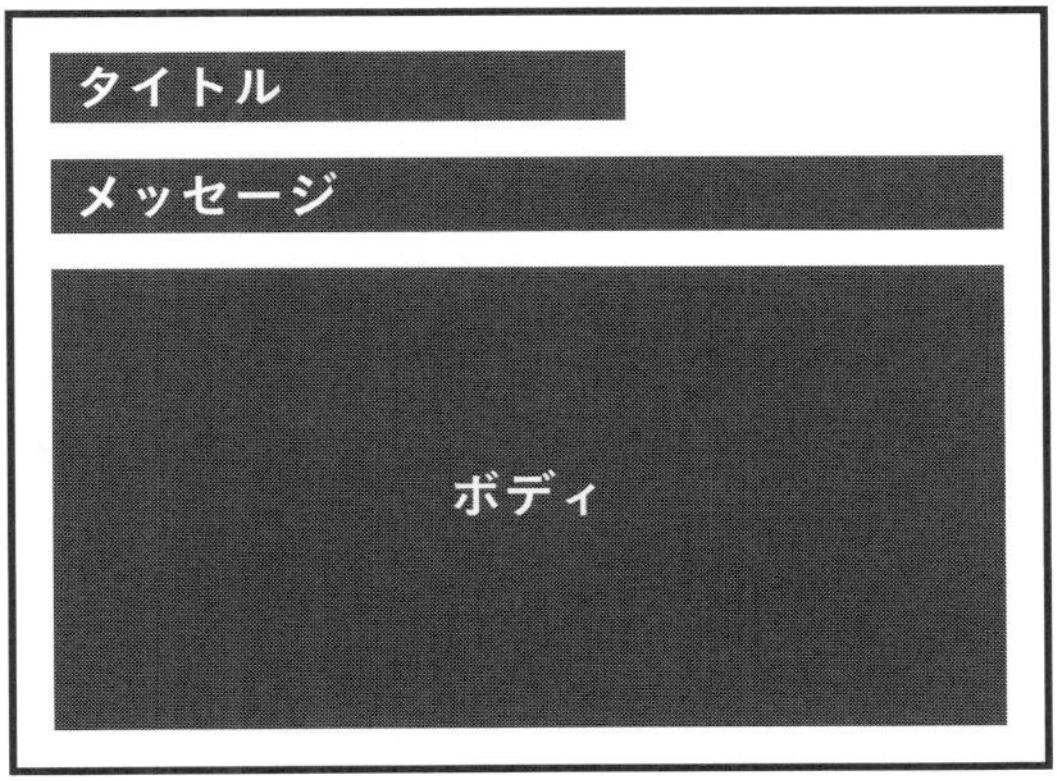

こうした期待と異なる表現を用いていると理解を妨げてしまいます。

たとえば、循環図は向きによって意味がまったく違います。時計回りにするとポジティブ・フィードバック（よい循環）、反時計回りにするとネガティブ・フィードバック（悪循環）を表します。また、図のオブジェクトの四角形は実在する対象、円や楕円は実在しない概念を表現するときに使います。

ほかにも多くの決まりごとがありますが、ビジュアル要素の表現は一度知れば理解できます。

パワーポイントのスライドは、

「タイトル」「メッセージ」「ボディ」で構成されます（121ページの図参照）。

ボディにはできるだけ図やグラフなどの視覚的な情報を使います。「見てわかる」資料にするためです。グラフや図にできない場合には箇条書きにしますが、ひと目で理解できる程度の長さのテキストになるように工夫します。

スライドのメッセージはできるかぎり簡潔な表現にします。三行にわたるようなメッセージはいけません。多くて二行、できれば一行に収めるように文章を整理します。

前のスライドとスムーズにつなげたいと考えるあまり、「また」「しかし」などの接続詞を入れたスライドメッセージを見かけることがありますが、これは適切ではありません。スライドはそれぞれが一枚で完結するように作成します。

一枚で完結していれば、スライドの順序や新しいスライドの挿入が自由にできます。これはパワーポイントでつくるメリットの一つでもあります。

❗一枚のスライドに一つのメッセージ

パワーポイントの資料には、「ワンスライド・ワンメッセージ」の原則があります。

一枚のスライドで表現するメッセージは一つです。一枚のスライドに複数のメッセージを入れてはいけません。

もしメッセージが二つなら二枚のスライドにします。一つのメッセージを表現するために複数のデータを使うのはかまいません（124ページ参照）。

スライドを見るとき、視線は「Z」の流れで動きます。したがって、メッセージやオブジェクトは、左から右、上から下に見られることを前提に配置します（125ページ参照）。左から右、上から下に向けた矢印を安易に使っているケースをよく見かけますが、たんに読み手の視線を誘導するためだとしたら、これらの方向への矢印は不要です。

複数のオブジェクトを配置するときは、上下左右の配置や間隔を揃えるようにします。これはパワーポイントの「整列」機能を使えば簡単にできます。大きくずれることのないように最初から「グリッド」を設定しておくことも有効です（126ページ参照）。

配置のズレについて、「社内資料だから細かいことにこだわらなくていい」と考える人もいますが、私はこれには賛成しません。オブジェクトの配置にズレがあれば、読み手はそれに対して意味を読み取ろうとするかもしれません。

オブジェクトは等間隔で配置すればよいわけではありません。関連のある情報をまとめることで読み手は理解がしやすくなります。

ぱっと見たときに「まとまり（意味的なかたまり）」を感じる単位のことを、認知心理学

1スライド1メッセージが原則

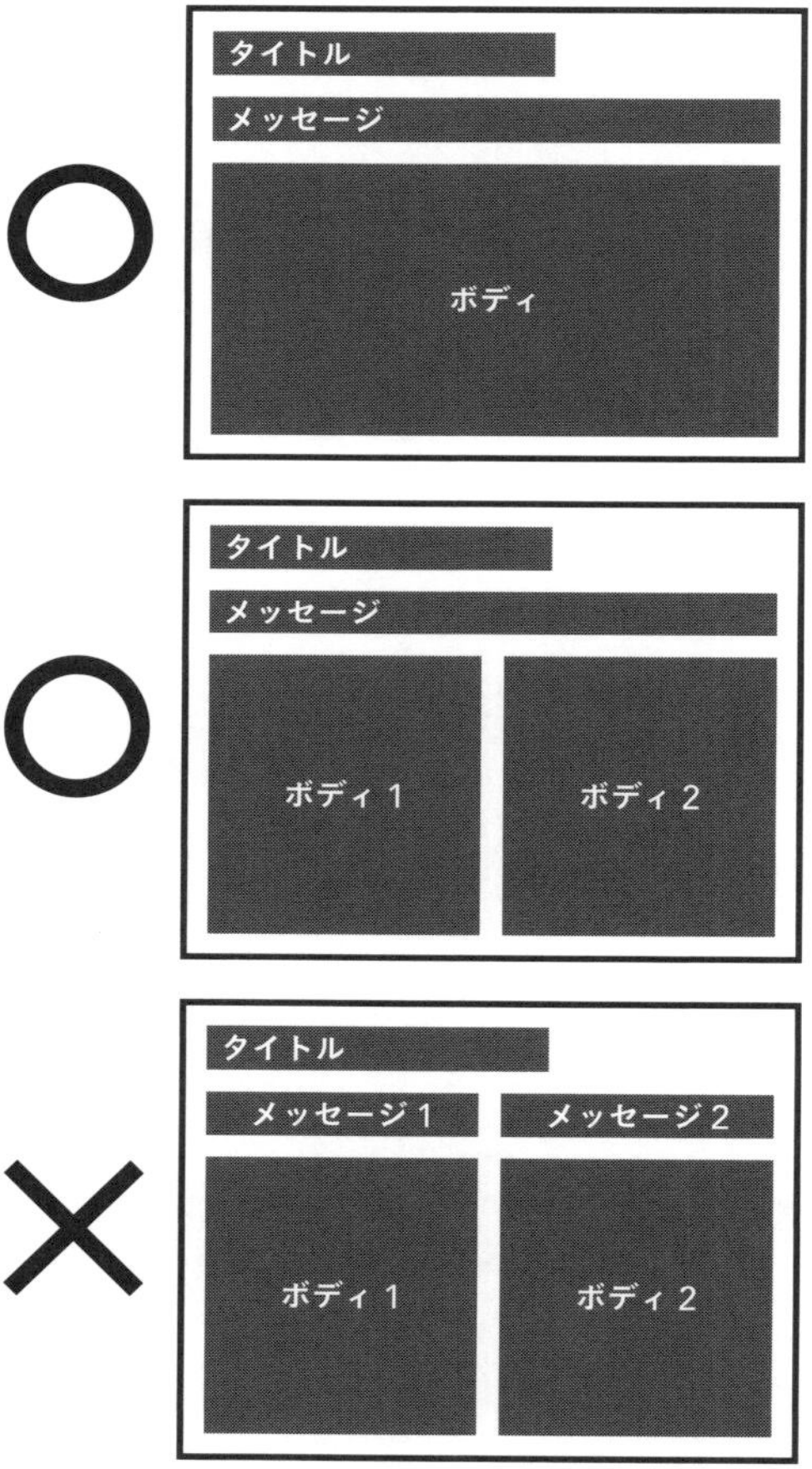

複数のデータ（ボディ）でも1メッセージならOK

複数のメッセージはNG

視線は「Z」の流れで動く

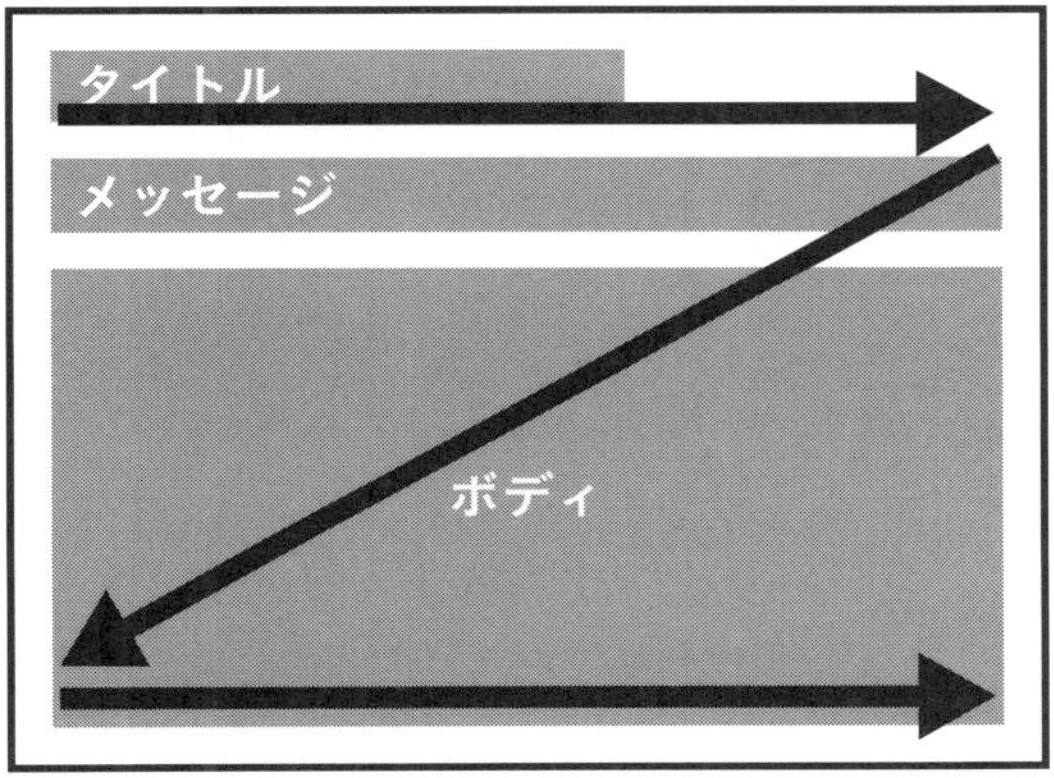

の用語でチャンク（chunk）といいます。読み手は配置によって情報のまとまりを認識するため、チャンクを意識したオブジェクトの配置を心がけることが大切です。

スライドいっぱいにテキストやオブジェクトを埋めている資料を見かけることがありますが、これはいけません。適度な余白のないスライドは読みにくくなります。

上下左右の配置や間隔を揃える

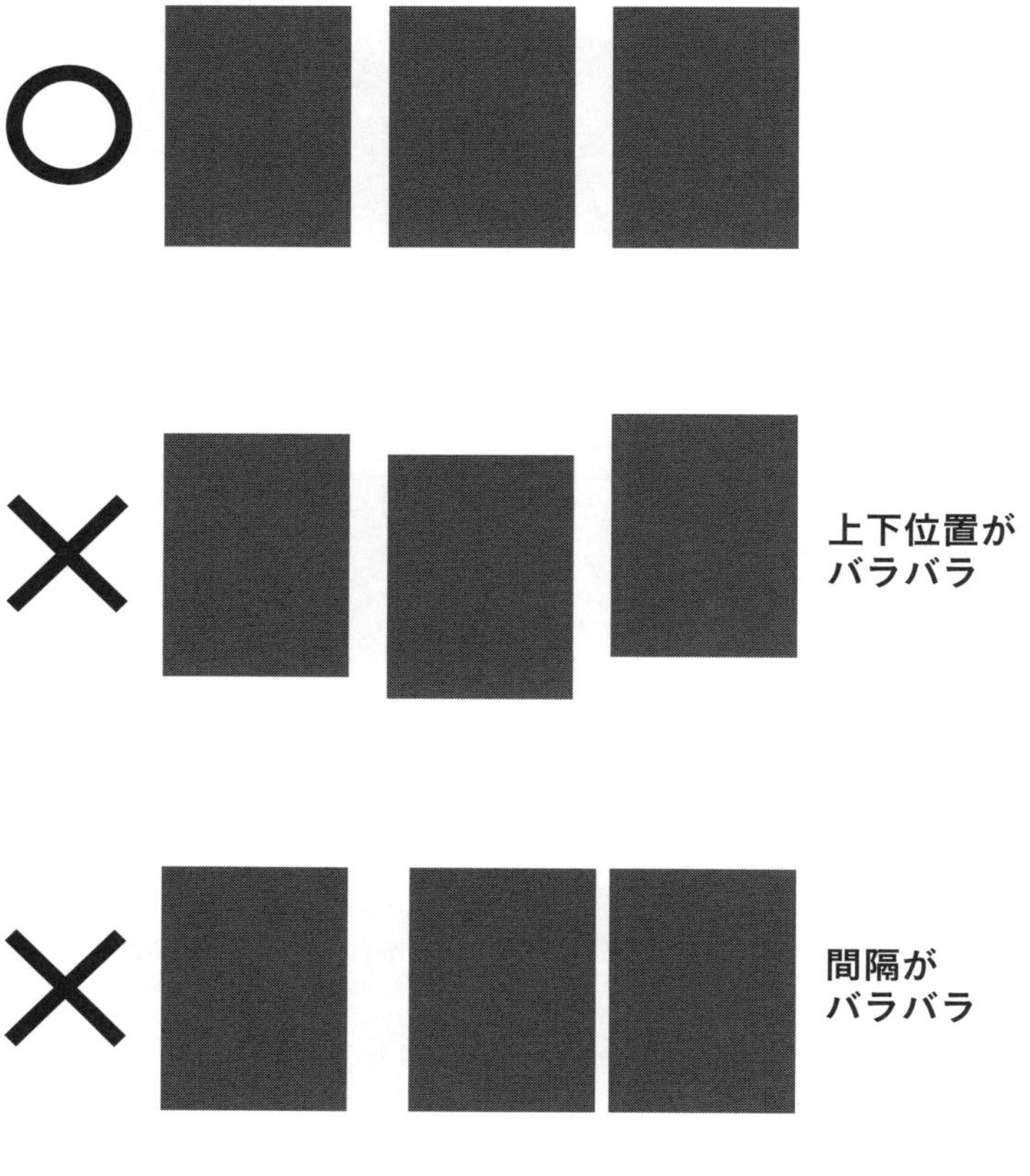

四角の図形を使い分ける

❗図形にはそれぞれ意味がある

オブジェクトによく使われる図形は、四角、角を丸くした四角、円や楕円です。矢印には、矢印の先が三角のもの（→）と矢の形のもの（→）があります。また、線を太くしたブロック矢印（⇨）や三角矢印（▷）があります。

四角の図形は具体的なことや実在するものを表すときに使用し、楕円は実在しない概念上のものに使います（上の図参照）。

それぞれ与える印象の違いがあり、それほど厳密なルールではありませんが、一つの図のなかに複数の図形を使う場合には、意味のある使い分けをしなくてはいけません。

❗フォントの選び方、装飾の方法

フォント（書体）について知っておく必要があるのは、フォントの種類と強調のための文字装飾についてです。

パソコンにはさまざまなフォントがインストールされていますが、ふだん会社で使うのは明朝体とゴシック体のいずれかでしょう。

和文フォントには大きく分けて明朝体とゴシック体があります。明朝体とは縦線に比べて横線が細く、いわゆる「とめはねはらい」が表現されたフォントです。横線のおわりの三角の形をした部分を「ウロコ」と呼びます。これに対してゴシック体は横と縦の線の太さがほぼ均一であり、ウロコがないフォントです。

欧文フォントも同じように分類できます。欧文フォントでは和文フォントのウロコに相当するものを「セリフ」と呼び、これが表現されたフォントをセリフ体（通常は欧文の明朝体と呼びます）、「サン（ない）＋セリフ」に由来するサンセリフ体（通常は欧文のゴシック体と呼びます）があります。

明朝体のフォントは、文章が読みやすいのでワード文書に向いています。しかし、フォ

基本のフォント（書体）

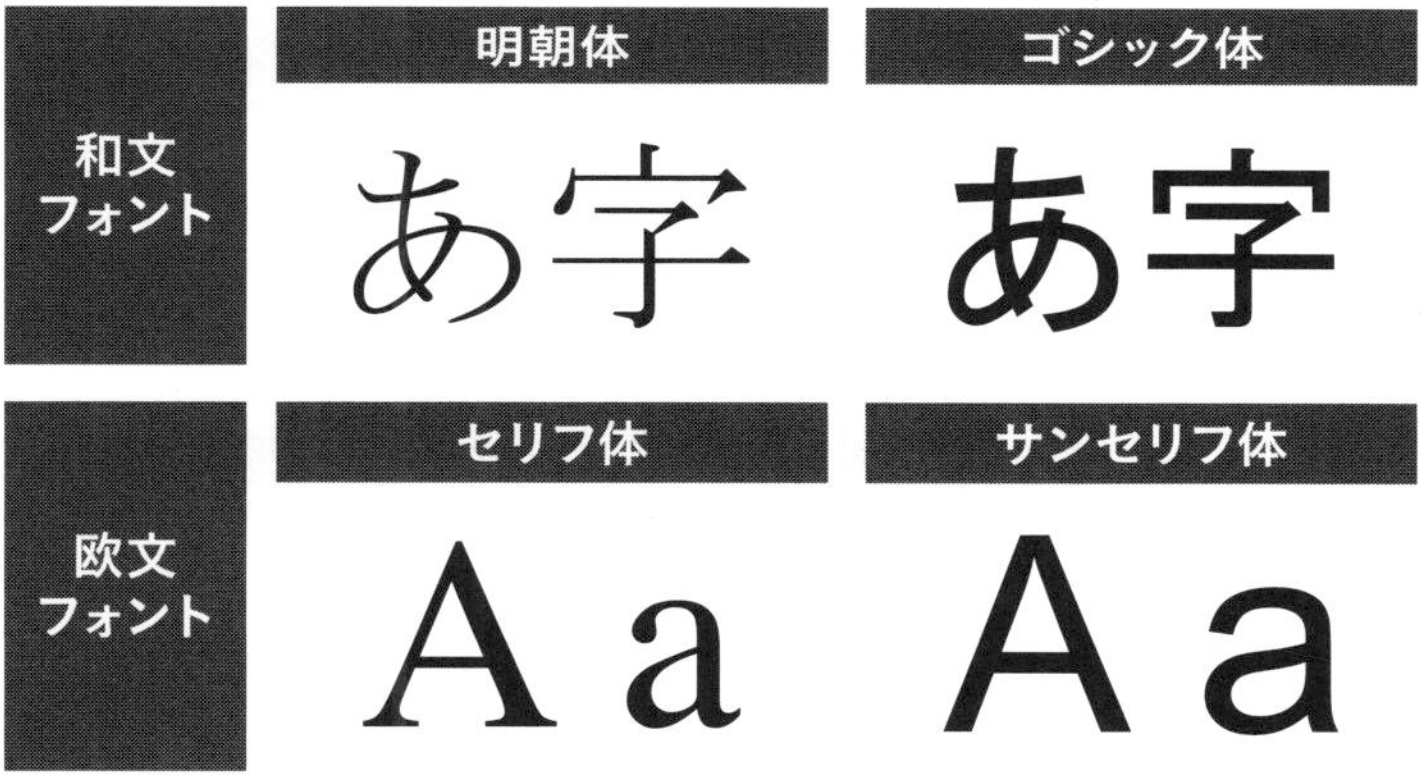

ントサイズが小さいと読みにくくなってしまうため、プロジェクターで投影をする可能性のあるパワーポイントには向いていません。パワーポイントでつくる資料ではゴシック体を用いるのが基本です。数字やアルファベットには欧文フォントを用いるほうがきれいです。

和文のゴシック体には、ＭＳゴシックのほか、メイリオ、ヒラギノ角ゴなどがあります。欧文フォントのサンセリフ体には、Arial、Segoe UI、Helveticaなどがあります。これらはパワーポイントで標準に設定（「規定の図形に設定」）すれば、毎回指定する必要はありません。

ボールド（太字）によって文字を強調する

*イタリック（斜体）*によって文字を強調する

アンダーライン（下線）によって文字を強調する

色を変えることで文字を強調する

フォントサイズによって文字を強調する

フォントを装飾する方法には、ボールド（太字）、イタリック（斜体）、アンダーライン（下線）があります（上参照）。パワーポイントで使いやすいのはアンダーラインです。

　ボールドはテキストを強調するときに用いますが、ゴシック体はもともと強い印象のフォントであるため、それほど見た目の違いがありません。イタリックは引用したテキストを示す際などに効果的ですが、フォントによっては使うことができません。

　テキストの一部を強調する場合は、アンダーラインのほか、カラーやフォントサイズを変えるのが効果的です。

　赤字を使ってテキストを強調している資料をよく見ますが、これは考えものです。

赤は「赤信号」「赤字」など、基本的にネガティブな状況を表します。青はポジティブ、赤はネガティブを示すように使いましょう。同じ右肩上がりのグラフでも、「売上増」なら青字、「費用増」なら赤字で表現します。

なお、強調や文字装飾は使いすぎるとかえって効果が薄れてしまうことになります。強調する箇所が多すぎないか、文章が長すぎないか、より簡潔な表現ができないか、文章を見直してみましょう。

一つの資料で用いるカラーは、ベースの黒を含めて三色程度にします。この三色はベースカラー、メインカラー、アクセントカラーと呼ばれ、適切な色の組み合わせがありますが、社内資料では色の選び方にそれほど慎重になる必要はありません。

色を効果的に用いることで表現できることは増えますが、社内で使う資料は白黒で印刷されることも多く、この場合にきちんと伝わる表現にすることのほうがより重要です。

とくに、資料をデータとして提供する場合には、白黒印刷への対応をしておくのがマナーです。資料をグレースケールに設定しておけば、パワーポイントの表示上はカラーのまま、白黒印刷のときには適切なコントラストで出力されます。

❗ 社内資料には画像は使わない

社内資料に、イメージとしてのイラストや画像を使うのはおすすめしません。必要がないからです。

また、資料全体で使うイラストや画像の雰囲気を統一させようとすると、苦労するものです。資料の内容に合わせるために編集や加工などを始めたりすると時間はあっという間に過ぎていきます。

社外のクライアント向けの資料ならともかく、社内資料においてはスピードも優先すべき価値の一つです。イラストや画像の使用は仕事に対する価値基準を疑われる可能性があるので、控えたほうがよいでしょう。

なお、パワーポイントでは、オブジェクトに影や3D効果などをつけることができますが、これらを使うことはほとんどありません。カラーのグラデーションなども通常は使いません。アニメーション機能も社内資料では使いません。

ひと目で伝わるグラフのつくり方

3

❗ 数値データはグラフ化する

データはグラフにするのが基本です。数値データをそのまま表で見せてはいけません。数字を羅列した表は「見てわかる」情報にはならないからです。

数値データはグラフで表現します。

伝わりやすくするポイントは次の二つです。

・表現しようとしている目的に応じたグラフを使う
・根拠となるデータにフォーカスした加工を行う

グラフは、資料で表現したいことに応じて次のように使い分けます。

◎特定のデータの「変化」には折れ線グラフ

◎時系列などの「比較」には棒グラフ
◎ある事実の「内訳」には円グラフ

ビジネスで使われるグラフにはこのほかにも、バブルチャートや散布図、パレート図などがあります。これらは表現力が豊かで便利な方法ですが、その半面、読み解く力が要求されるため、普段社内で使われていないのであれば、使わないほうが賢明です。

まずは誰もがぱっと見てわかる、折れ線グラフ、棒グラフ、円グラフで表現することを考えます。

グラフはすべての数値データを使ってそのままつくってはいけません。自分が見せたいもの、つまり資料の根拠となるデータにフォーカスして加工することがポイントです。このため、エクセルやパワーポイントで作成したグラフをそのまま使ってはいけません。

すべてのグラフに共通するのは、見せたいもの以外はグレーにすること。

棒グラフの特定年度のデータ（棒）だけ、あるいは折れ線グラフの特定のデータ（線）だけにカラーを使います。円グラフについても、同じように見せたい要素以外はすべてグレーにしてしまえば、伝えたいことが明らかになります。データラベル（データの詳細情報）も特定のもののみとしてよいでしょう。

教科書的にいえば、グラフではすべてのデータをきちんと表示するのが正しいのですが、資料では伝わりやすいデータとして見せることが大切です。

なお、二次情報として見つけたグラフをそのままコピーして使ってはいけません。すでにそのデータも何らかの加工がされているはずです。特定の年、特定の商品をフォーカスして目立つようにしていたり、データの一部から得られた示唆によって見出しがつけられていたりするかもしれません。

グラフは目的に合わせて必ず自分でつくり直しましょう。

❶グラフの加工の仕方

〈棒グラフ〉

企業の売上げなどの時系列データや、アンケート調査の回答結果など、「比較」を行う場合には棒グラフが向いています（136ページの上段参照）。

グラフをエクセルで作成する場合、時系列データではデータラベルは最新のものだけにします。もし比較する対象の時期などがある場合にはそれも残します。アンケート調査の場合には、特定の回答のみデータラベルをつけ、それ以外はグレーにして目立たないようにします。

「比較」するときは棒グラフを使う

A 事業における市場の縮小

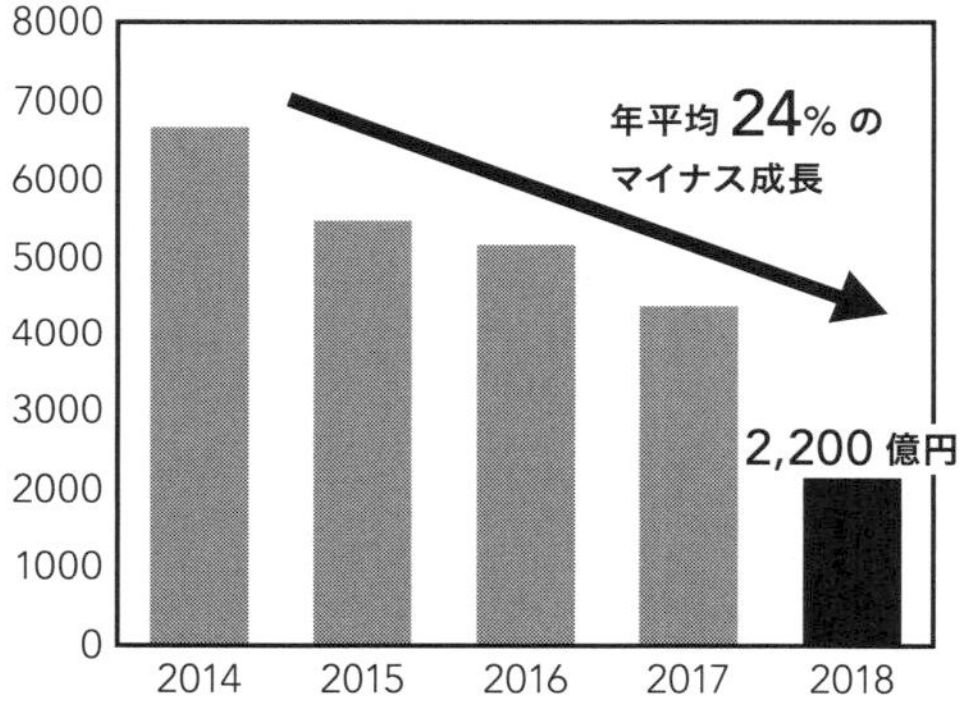

データ名が長いときは横棒グラフを使う

住宅購入者が購入を決めた理由

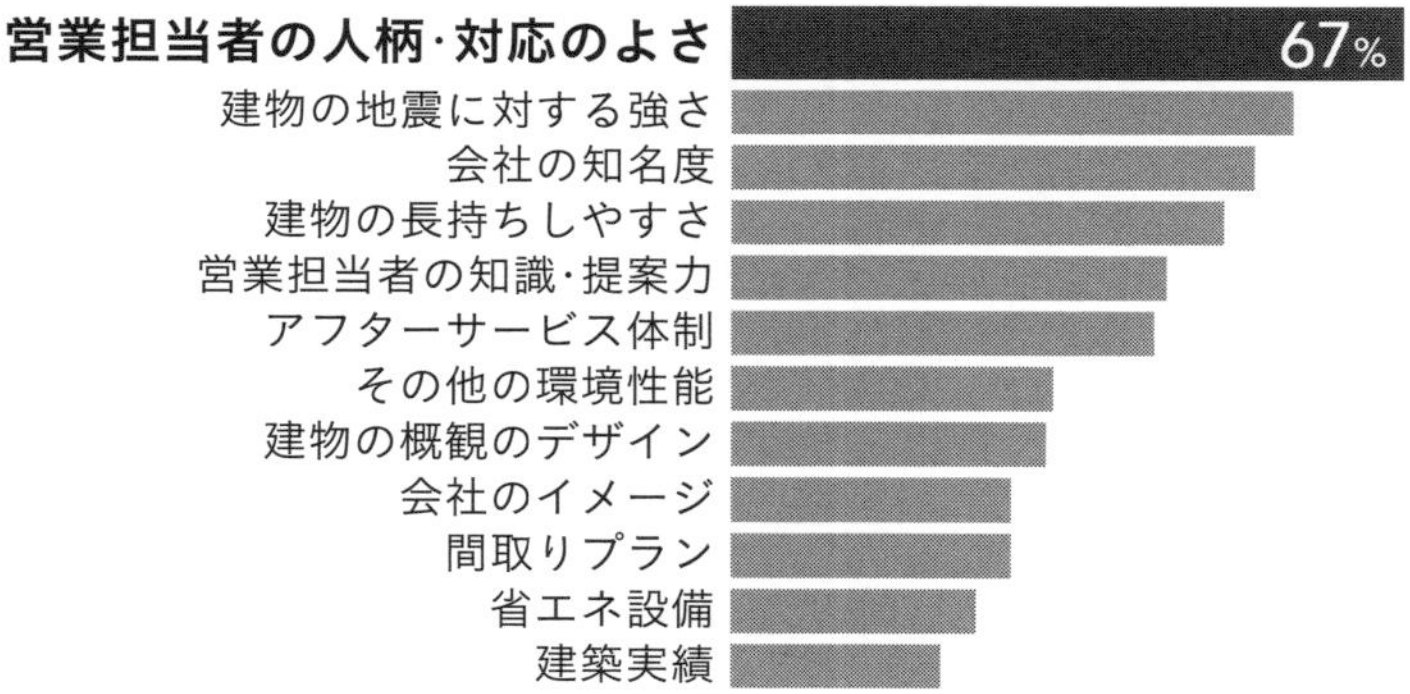

なお、軸の数値は見せたいものがよりよく見えるように工夫できます。差が大きいことを示すには、軸の数値を「0」ではない数値から始めればグラフとしては大きな差があることを表現できます。

アンケート調査の回答などのデータの名称が長い場合には縦棒グラフ（カラムチャート）ではなく、横棒グラフ（バーチャート）のほうが向いています（136ページ下段参照）。

〈**折れ線グラフ**〉

企業の売上げと利益率など、複数の時系列データなどの「変化」を表す場合には折れ線グラフが向いています（138ページ上段参照）。

エクセルで作成される標準の折れ線グラフは、細かすぎて見づらいので必ず加工が必要です。まず肝心のデータの線が細すぎるので、目立つように太くします。それから目盛線を消します。自動で設定された軸の目盛は細かすぎる場合がありますので、わかりやすくなる程度に見直します。

多くの場合、凡例は不要です。一つのデータのグラフであれば不要ですし、複数のデータのグラフの場合には、線の近くにデータ名を書いたほうがより見やすくなります。

「変化」を表すときは折れ線グラフを使う

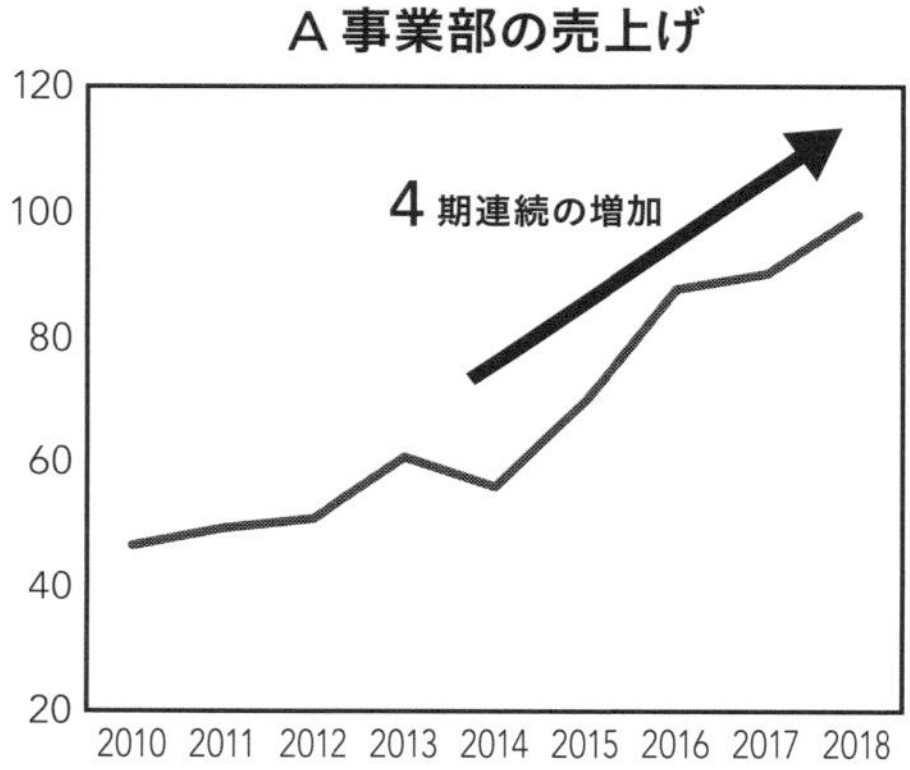

「内訳」を表すときは円グラフを使う

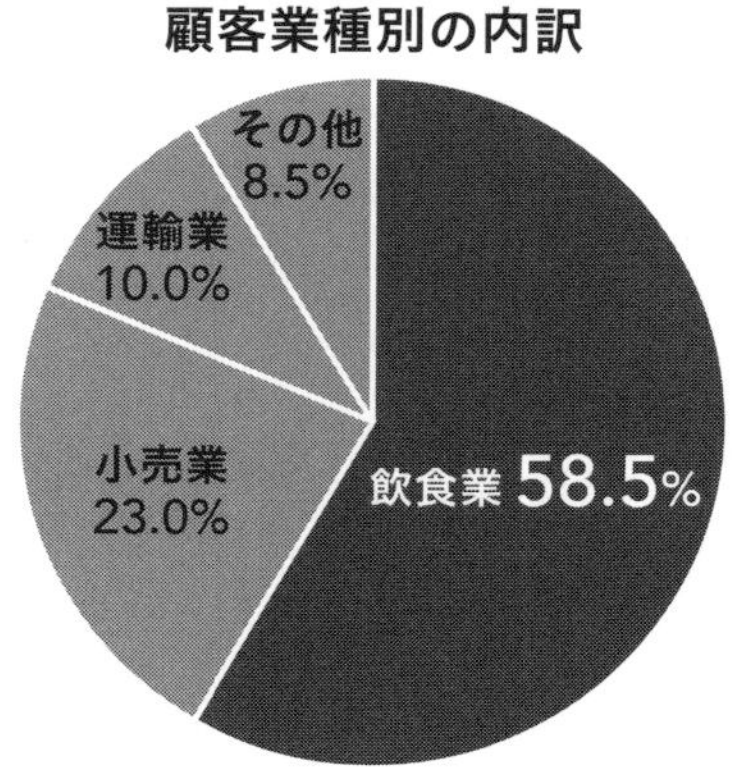

〈円グラフ〉

売上げに占める商品構成やアンケート調査の回答などの「内訳」を表す場合には、円グラフが向いています（138ページ下段参照）。

エクセルで作成される標準の円グラフはとてもカラフルで、見る人は何に着目すればよいのかがわかりません。説明したい要素以外はグレーにすることで、着目すべき要素を理解させることができます。

また、要素が多い場合にはデータラベルの引き出し線が煩雑になります。注目させたい要素以外はまとめてしまってもよいでしょう。

❗グラフはエクセルでつくる

グラフはエクセルで作成したものをパワーポイントにコピーして使うのが基本です。パワーポイントでもグラフを作成することはできますが、エクセルで行うほうが簡単です。パワーポイントにグラフを貼り付けるときは、画像データを指定します。最終的にパワーポイント上でグラフの大きさなどを変更することがあるため、画像のほうが使い勝手がいいのです。

また、データラベルなどのテキストはパワーポイントに画像として貼ったうえでテキストオブジェクトを追加します。

各グラフの説明では、「データラベルを残す」などと書いていますが、実際にはエクセルのグラフからはすべて消し、パワーポイントに貼ったグラフの上にオブジェクトを追加することになります。

これは画像として貼った場合に、テキストが不鮮明になることを防ぐためです。少し手間にはなりますが、違いは一目瞭然です。

グラフにはタイトルとコメントをつけます。

グラフにつけるコメントには、「説明」「事実」「解釈」の三つがあります。「説明」とは何を表すグラフなのか、「事実」とはグラフから読み取れる内容、「解釈」はグラフが示す内容から考察したことです。

たとえば、左ページのグラフのタイトルは「合計特殊出生率の推移」で、コメントは次のようにつけることができます。

説明……一九七〇年から二〇一六年までの合計特殊出生率の推移を示すグラフである。

事実……二〇〇五年からは回復傾向を示すも一〇年間の増加は〇・二ポイントにも満たない。

どんなコメントをつけるか

合計特殊出生率の推移

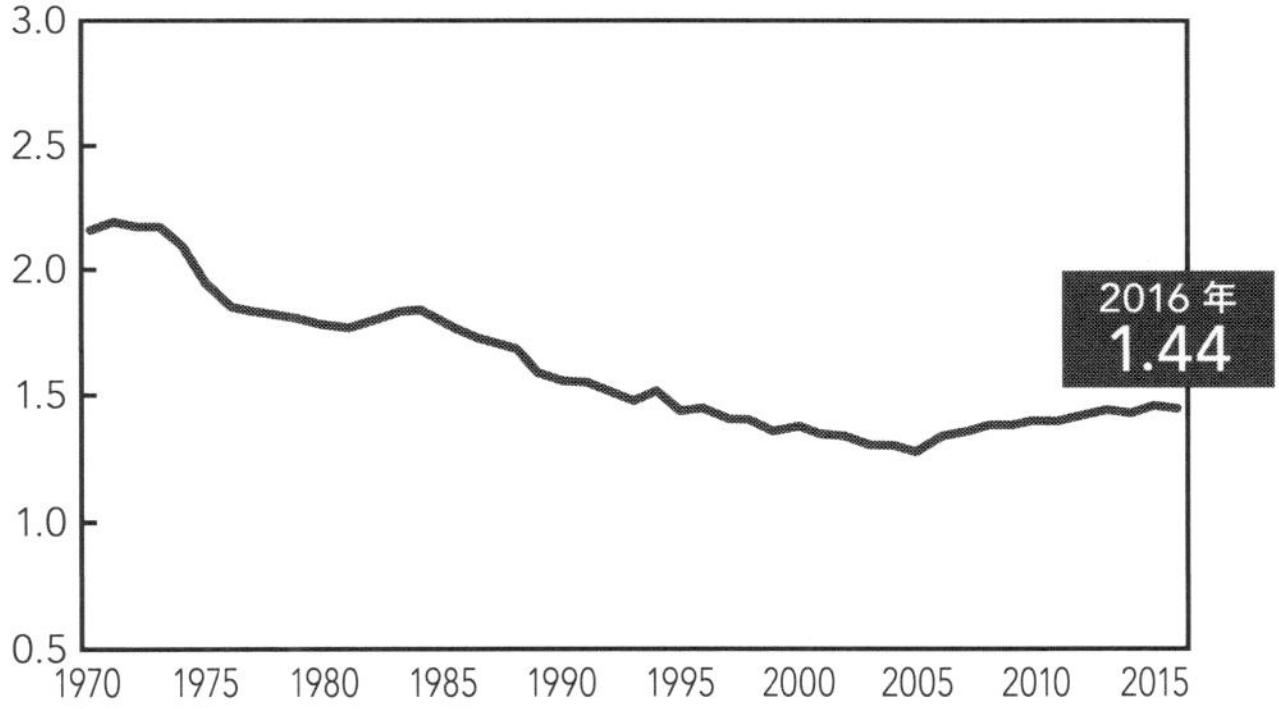

解釈……二〇二五年までに一・八とする政府目標の達成は難しい。

「説明」「事実」「解釈」の三つのうち、「説明」はタイトルで伝えることが可能ですから、考察を含めずに「事実」を述べるだけにとどめるか、またはグラフから読み取れる「解釈」を踏み込んで伝えるかのいずれかがよいでしょう。どのコメントを使えばよいかに正解はありませんので、資料の構成によって判断します。

❗図は「わかった気」にさせる

資料にとって図解は有効な表現手段です。何より重要なことは、図には見た人がわかった気になる効果があることです。

ツリーやプロセス図など、よく目にする図があると、なぜか安心してわかったような気になります。プロセス図ならば、左から右に進めていくんだろうなということがすぐにわかり、手順がちゃんと説明されているようだと思います。

これで安心してしまうのです。でもあとから見ると、プロセス名に何をするのかわからないことが書いてあったりする。そんなことはよくあります。

図によってわかりやすくなるということには、こうした「わかった気になる」という状態が含まれているのです。

資料の読み手としては、図は気をつけて読まなくてはいけませんが、つくり手の立場としては図がもたらす安心感、「わかった気になる」という性質を積極的に利用しましょう。ビジネスで用いられる概念を説明するための一般的な図解方法があります。自分でオリジナルの図をつくる前に、標準的な図を知っておきましょう。

資料をつくるうえでよく使われる図には、次のようなものがあります。

構造……ピラミッド、ツリー

比較……マトリクス

手順……フローチャート

流れ……プロセス図、循環図

ピラミッドはロジカルシンキングのツールとして紹介しましたが、このほかにも組織の体制図などにも使われます（144ページ上段参照）。

ツリーは、構造や課題分析の結果などを表すときに向いています（144ページ下段参照）。

マトリクスは、複数のものを評価するときに使います（145ページ上段参照）。

マトリクスでは、二つの評価軸の設定が重要です。よく使われるのは、課題の評価で使われる「重要性」と「緊急性」、解決策の評価で使われる「効果」「スピード」などです。

「構造」はピラミッドやツリーで図解する

ピラミッド

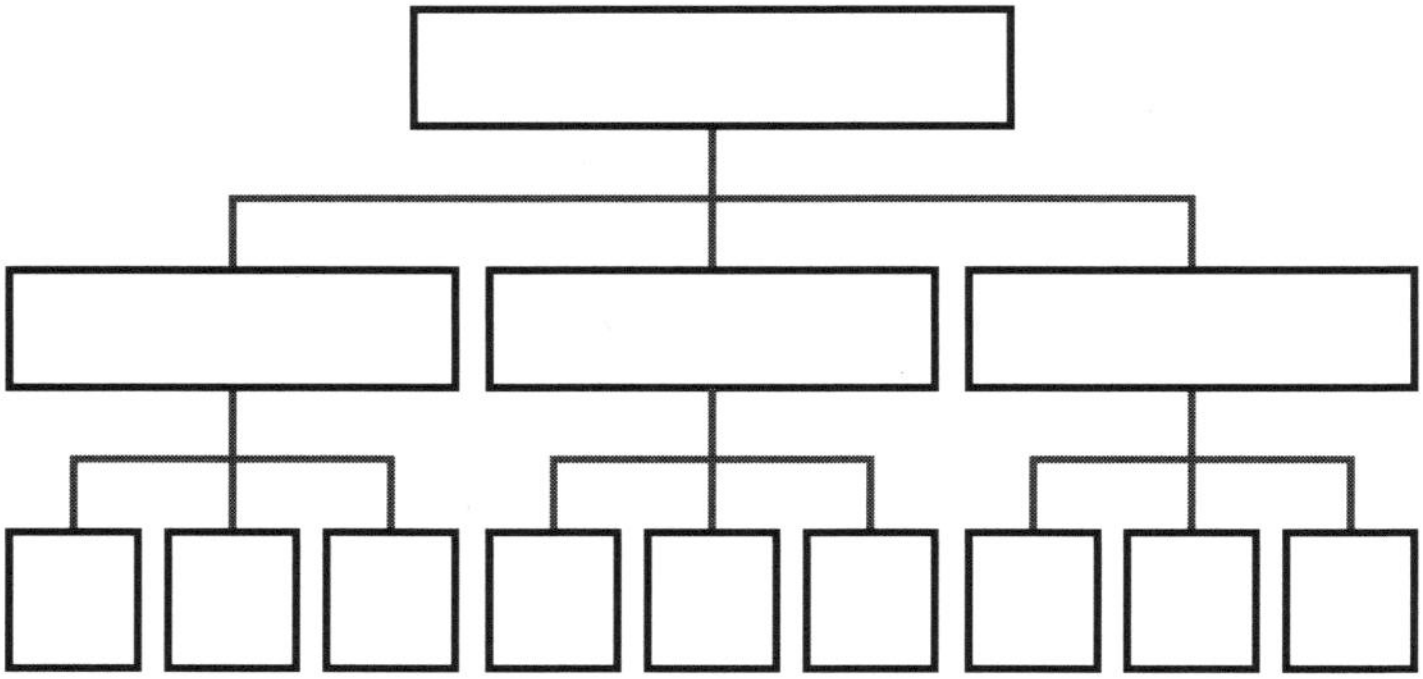

ツリー

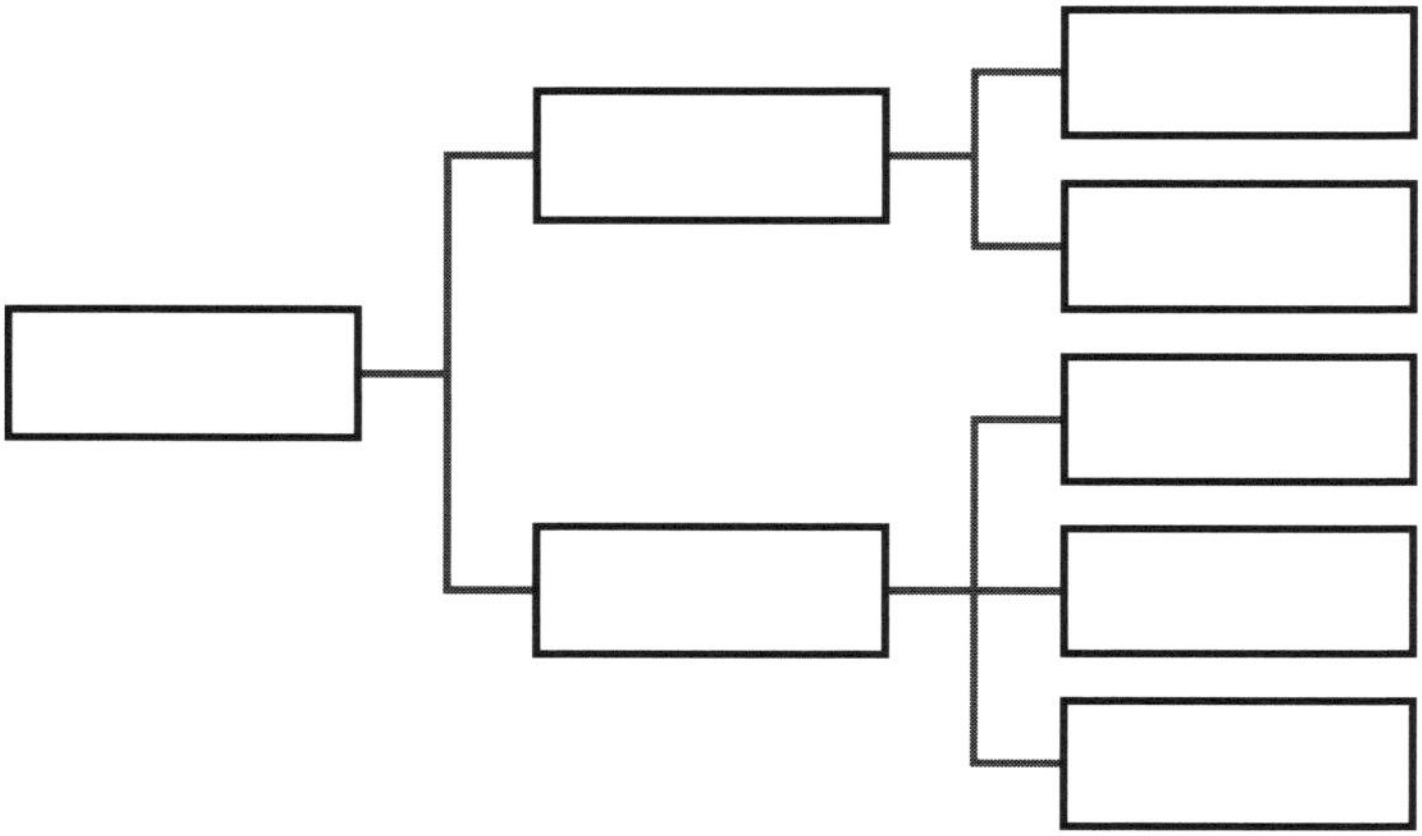

「比較」はマトリクスで図解する

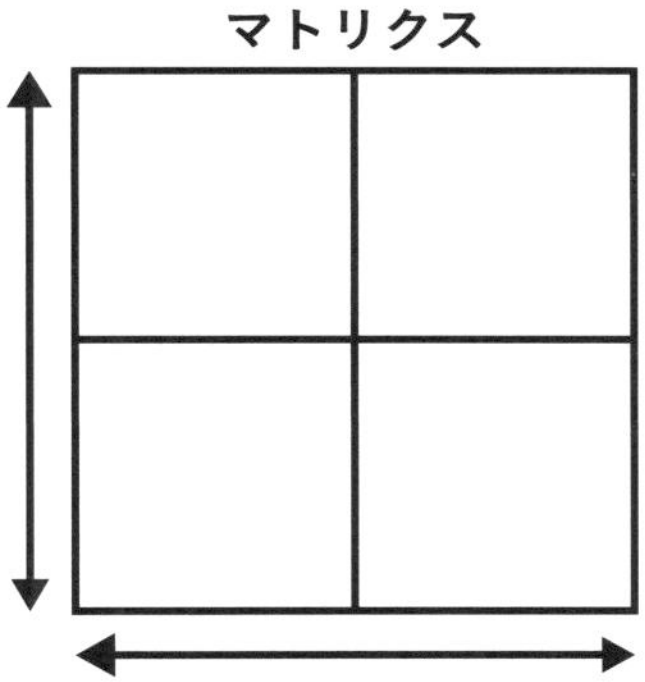

「手順」はフローチャートで図解する

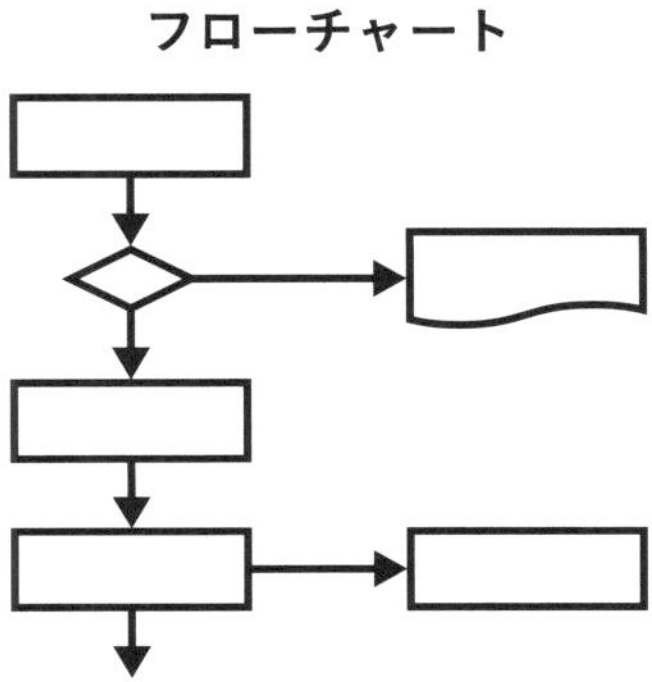

「流れ」はプロセス図や循環図で図解する

プロセス図

循環図

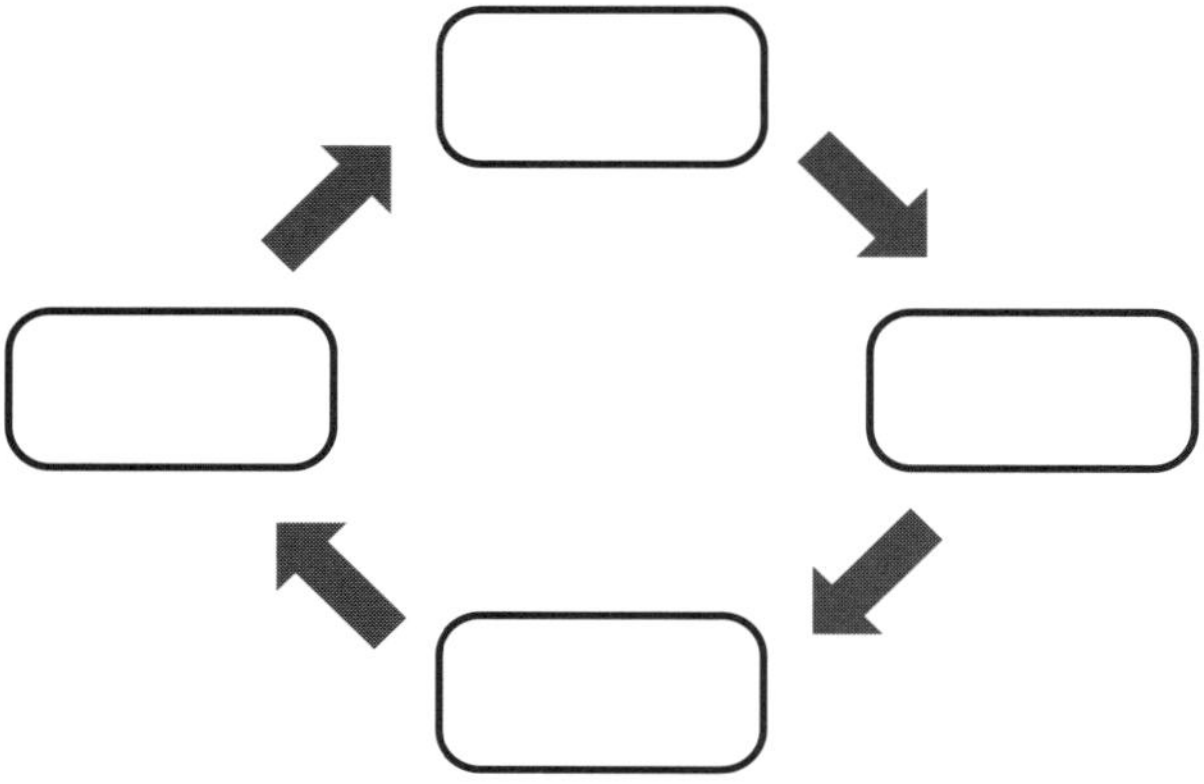

SmartArt 機能を活用する

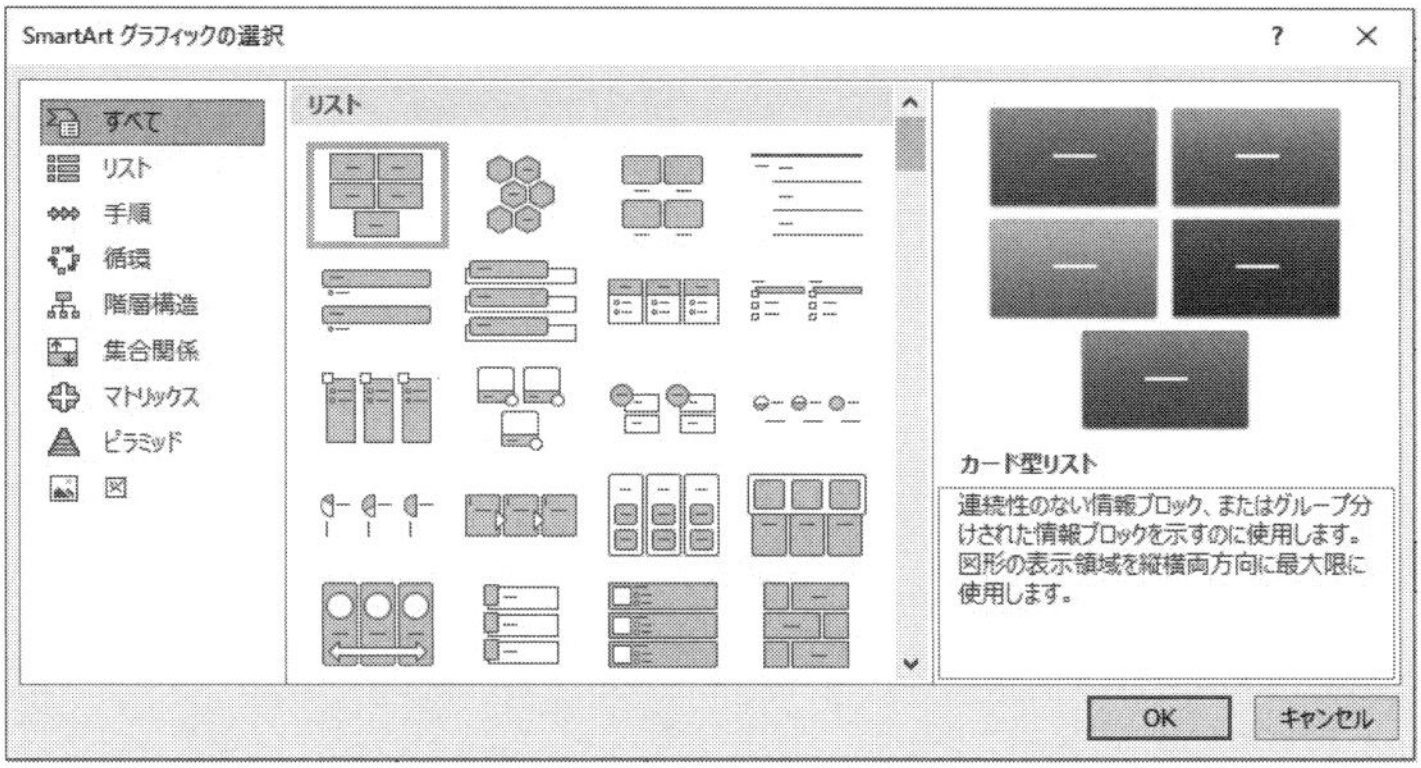

フローチャートは、途中で条件分岐や出力などを含む手続きを表現できます（145ページ下段参照）。

プロセス図は、進め方や手順など、時系列で表現できるものに向いています（146ページ上段参照）。

循環図は、ものごとの流れがループする様子を説明するときに向いています。時計回りでは正常なフィードバックループ、反時計回りにすればよくない状況を示すネガティブ・フィードバックループに陥っていることを表現できます（146ページ下段参照）。

また、プロセス図で示すような内容も、最後のプロセスから最初のプロセスに向かって矢印を伸ばし、「改善」などとすればフィードバックがあることを表現できます。

パワーポイントには、SmartArtという機能があり、一般的に使われる図解を簡単に利用できます。SmartArtには、リスト、手順、循環、階層構造、集合関係、マトリックス、ピラミッド、図というグループに分けられて、多くの図のテンプレートが用意されています（147ページ参照）。

一度これらを眺めておけば、図を作成するときに発想の役に立つのでおすすめです。ただし、標準では多くのカラーが使われていたり、３Ｄの効果がついていたりするので、不要な装飾は外して使わなくてはいけません。

❗オリジナルの図をつくる

標準の図形に適切なものがないときはどうすればよいでしょうか。

たとえば、Ａ社と自社との取引を図で示したいとき、ツリーやプロセス図、マトリクスは向いていません。このようなときは自分で作成します。

オリジナルの図をつくるときのコツは、「箱」を「配置」して線で「つなぐ」ことです。

「箱」を「配置」して線で「つなぐ」

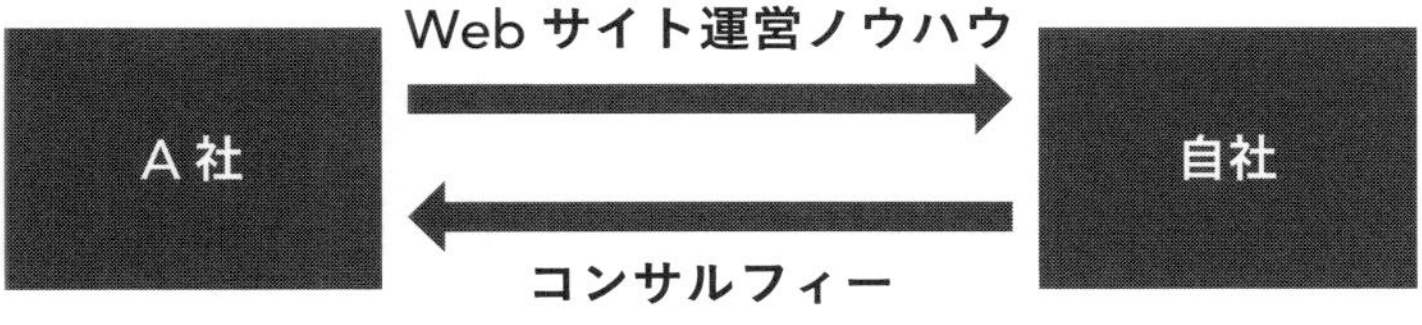

Ａ社との関係を例にして説明しましょう。まず、四角形の「箱」を二つ書き、Ａ社と自社とします。Ａ社と自社は対等の関係なので、二つの箱を横に「配置」します。取引を示すには、二つの箱の間を矢印でつなぎ、移動するものを書きます。Ａ社からは自社に伸びる矢印に「Ｗｅｂサイト運用ノウハウ」とし、自社からＡ社に伸びる矢印に「コンサルフィー」とすれば、コンサルティング会社Ａ社と自社の取引関係を表現できます。簡単な例ですが、応用によってさらに複雑な関係を表現することができます。

　この「箱」を「配置」して線で「つなぐ」ことによって、いろいろな意味をもたせることができます。

　たとえば、箱をどのオブジェクトで表現するかによって意味が違います。先に説明したとおり、四角形は会社などの実在するものを表現するときに使います。丸や楕円、角丸の四角形は、抽象的あるいは不確定なものを表現するときに使います。

二つの箱を左右に配置すれば時間経過を、上下に配置すれば序列を表現することができます。また、左下から右上に配置すれば、成長や改善を表現することができます。

そして、二つのオブジェクトの間を実線でつなげば、両者に直接的な関係があることを表現できます。矢印でつなげば、なにかが両者の間を移動する関係にあるとわかります。ほかにも線の太さや破線などの線種の違いによってさまざまな関係を表現できます。

矢印はお金やサービスの移動だけでなく、状態の変化を表現することにも使えます（151ページ参照）。

一つの四角を「水」とし、もう一つを「氷」とします。「水」から「氷」に対して矢印を引き、その矢印に「冷却」と書けば冷却による状態の変化を表現できます。

あるいはこの二本の矢印を円弧の矢印にするとどうでしょう。「水」と「氷」という二つの状態が移ろいやすいように感じられるのではないでしょうか。

このように、図形で物質や概念を表し、それらを矢印でつなぐことでその関係性を表現できます。

概念を図にするには慣れが必要かもしれません。グーグルで画像を検索すると多くの図解が出てきます。自分でオリジナルを作成する前に、参考になりそうな図がないかどうか

矢印で状態の変化を表現する

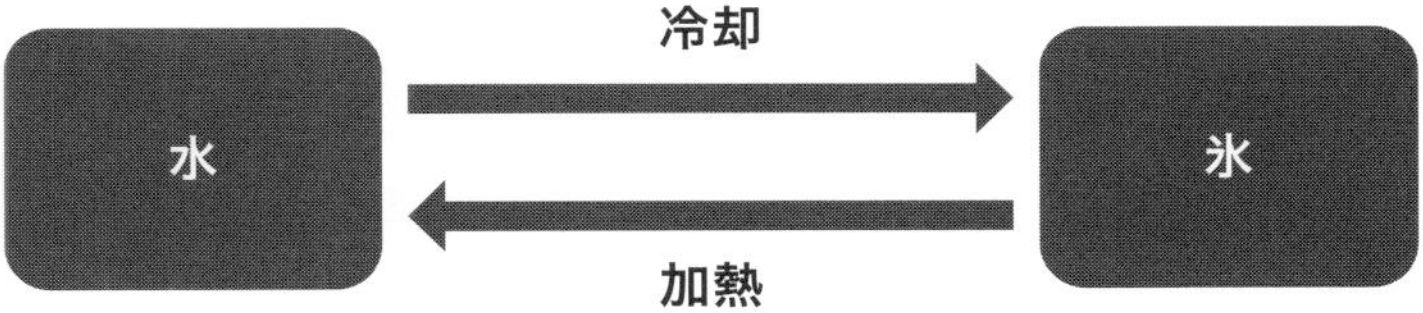

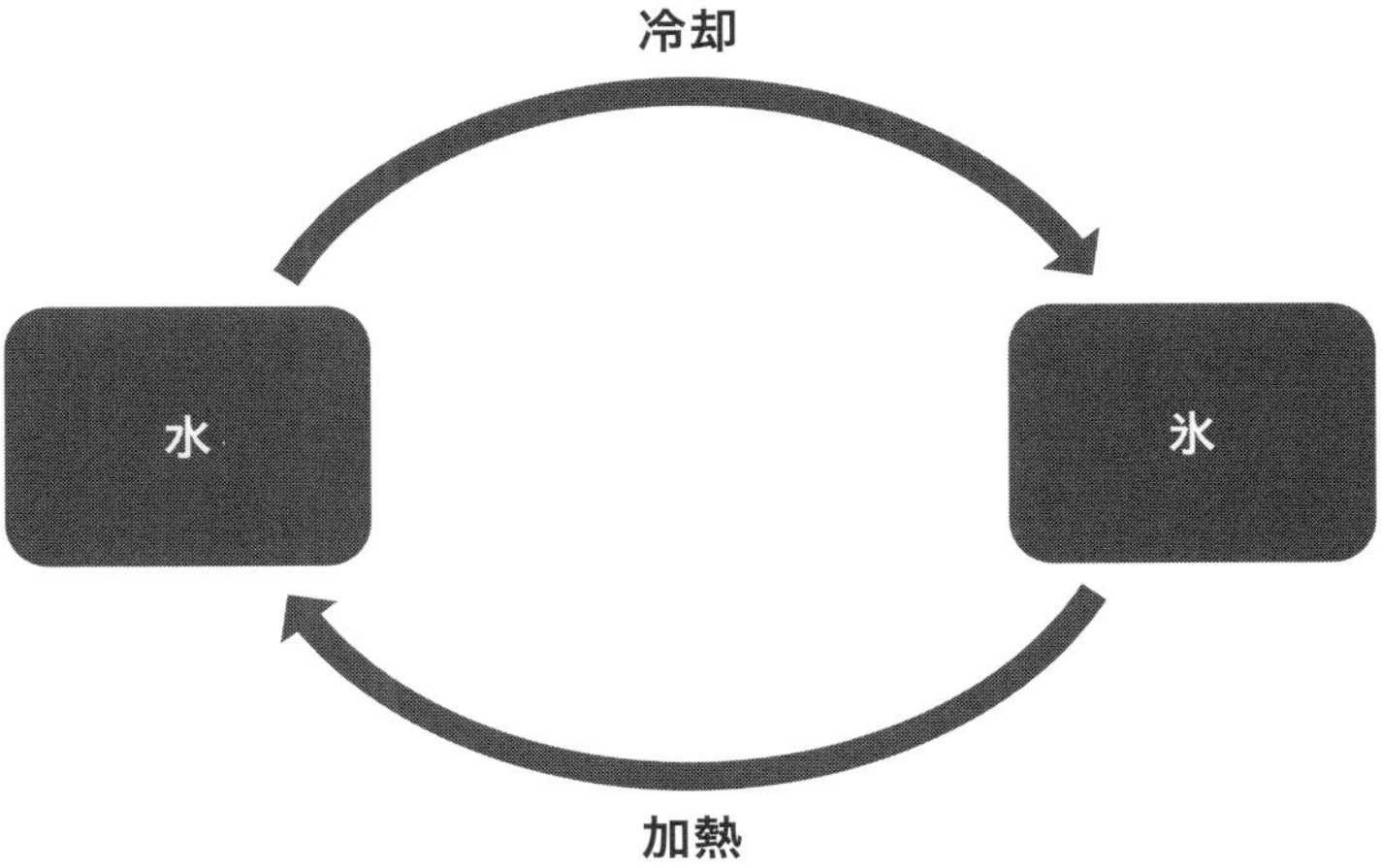

を確認してみてください。

ツリーやプロセス、マトリクスなどでも、上手に表現できている図がたくさん見つかります。まずは真似のできるよい例を探すことから始めるのがおすすめです。

見栄えのよい図を作成するにはセンスを求められますが、読み手をわかった気にさせるのは、やはり見慣れた図です。複雑な図やオリジナルの図が描けないなどと考える必要はありません。シンプルな図で表現することがもっとも重要です。

文章表現の基本を押さえる

5

❗「文章」で説明してはいけない

資料の文章とはどうあるべきか――。これは資料を作成するソフトによって答えが違います。

といっても、きちんとした文章による説明が必要なときにはエクセルは選ばないでしょう。エクセルは文章入力に向いていません。文章による説明が必要な場合には、文章が読みやすいワードを使うべきです。

パワーポイントはテキストボックスを含むオブジェクトが自由に配置できることや、作成時のイメージのまま印刷できる点などが使いやすさの理由ですが、もっとも重要なのはプレゼンテーションのためのソフトであることです。プレゼンは投映を前提としているため、読まなくてはならない長い文章は使いません。グラフや図などの視覚的な表現を中心に、必要最小限の文章で構成します。

ここでは、パワーポイントでつくる資料の文章表現について説明しましょう。

そもそもパワーポイントでつくる資料では、「文章」で説明しようとしてはいけません。伝えたいことは簡潔な言葉で表現します。簡潔な表現にするための手段としては、次のようなものがあります。

- 箇条書きにする
- 重複した表現を排除する
- 接続詞を省略する
- 修飾語を削除する
- 漢字を使う
- 体言止めを使う
- 専門用語やビジネス用語を使う

一度書いた文章を、このような視点で見直すことによって、簡潔な文章に整えることができます。

簡潔な表現とするための方法として、箇条書きはとても有効な手段です。パワーポイントのスライドでは、タイトルとメッセージ以外の文章はほぼ箇条書きにすることが珍しくありません。ただし、箇条書きにする項目の数には注意が必要です。人が瞬間的に記憶できる数には限界があるからです。

人間が短期的に記憶にとどめておくことができる情報のかたまり（チャンク）の数を、「マジックナンバー」といいます。古くはアメリカの認知心理学者ジョージ・ミラーが提唱した「7プラスマイナス2」が有名ですが、今日ではのちに発表された「4プラスマイナス1」が定説になっています。

経験的にも三つから五つ程度が覚えやすい数ではないでしょうか。箇条書きを用いるときは、五つ以内に収めることで読み手に納得感を与えることができます。

❗ 専門用語やビジネス用語を使う

最近では、専門用語やビジネス用語はできるだけ使わない、というのが社会一般の常識のようになっています。こうした用語には次のようなものがあります。

アジェンダ／イシュー／マター／ベネフィット／コミットメント／イニシアティブ／コンセンサス／タスク／プロジェクト／フィックス／バジェット／アサイン　など

言葉遣いにおいて考慮すべきは、コミュニケーションの効率と品質です。

言葉にはさまざまな意味が含まれていて、その理解は人によって少しずつ違っています。これがときとして、コミュニケーション上のすれ違いを生みます。もしビジネス用語を使うことで、相手に伝わりやすい簡潔な表現が可能になるなら、使うことに問題はありません。実際に、仕事仲間との会話やメールなどでは、社内用語や専門用語、ビジネス用語などを使うのがふつうです。

ただし、必ずしも資料の読み手がこうした用語を理解するとは限りません。資料作成においては、資料の読み手が理解できる用語を使うように配慮します。

第5章

「A4一枚」の資料を完成させる

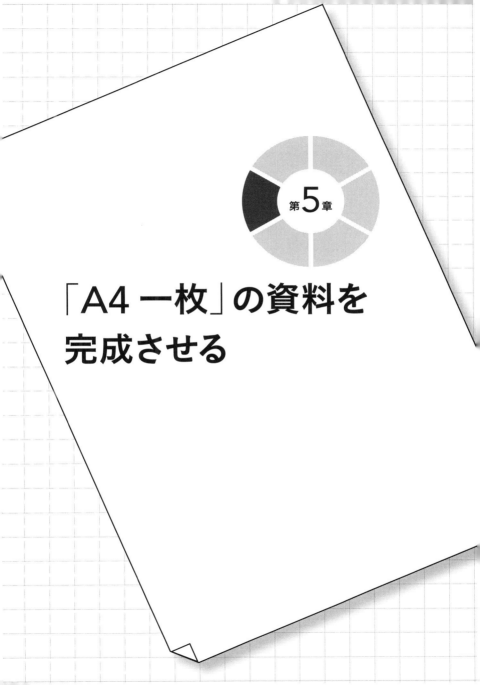

1

ドラフトから「Ａ４一枚」のサマリーをつくる

Ａ４用紙を横レイアウトで使う

第2章では、資料の設計を行い、それをドラフトとしてまとめました。本章ではドラフトをもとに「Ａ４一枚」の資料（サマリー）のつくり方を説明します。完成形をサンプルとして紹介します（160〜161ページ参照）。

これは、第2章でドラフトを作成した事例『調達いちば』への中小規模メーカーの参加促進策」のサマリーです。

サマリーはＡ４用紙を横レイアウトでつくります。提案書の場合は「背景・目的・提案・スケジュール・体制・課題」を説明するために六つのパートに分割します。

各パートの内容自体は、ドラフト作成のときに検討ずみですから、ドラフトの「資料の内容」をサマリーに展開します。先につくったドラフトは左ページのとおりでした。

「調達いちば」への中小規模メーカーの参加促進策 ドラフト

資料の位置づけ

目的

- 「調達いちば」への中小規模メーカーの参加促進策の実行と関係部門による協力についての承認を得ること

ターゲット

- 社長をはじめとしたすべての取締役に向けて、来月の経営会議にて説明

メッセージ

- 「調達いちば」の取引量の低下を止めなくてはいけない
- 中小規模メーカーの参加促進策を実行するための費用支出の承認と関係部門からの協力がほしい

利用シーン・作成フォーマット

利用シーン

- 経営会議での配布資料
- 口頭説明あり、投影なし、割当時間 15 分

作成フォーマット

- パワーポイント A4 一枚

資料の内容

資料名:「調達いちば」への中小規模メーカーの参加促進策 承認のお願い

背景:「調達いちば」の取引量が低下している

- 「調達いちば」の取引数の低下(推移・グラフ)
- 「調達いちば」の取引総額の低下(推移・グラフ)

目的:「調達いちば」の取引量の増加を図る

- 中小規模メーカーの参加の促進(1 年間で 20 社、2 年間で 50 社)
- 小ロット取引の拡大(1 年間で 150%、2 年間で 300%)

提案:中小規模メーカーの参加を促進する

- 参加条件(取引量)の緩和
- 「調達計画の作成支援サービス」の提供
- プレスリリースやサービス説明会の開催

スケジュール:新サービスを 4 月に開始する

- 今年度内に既存の取引先と中小メーカー向けの説明会を実施
- 4 月にプレスリリース、新サービスを開始する

体制:社内・社外の協力体制によって実行する

- メインはインターネットサービス事業部(責任者:事業本部長、PM:B 課長)
- コンサルティング事業部とマーケティング部とにも協力してもらう(要調整)
- PR 会社、イベント運営会社に委託(費用 600 万)

課題:関係者との調整を行う

- 調査・企画フェーズにおける人員の確保(マーケティング部に協力いただく)
- 調達計画の作成支援サービスのための人員の確保(コンサルティング事業部に協力いただく)
- PR 会社、イベント運営会社の選定(広報部に相談)

ドラフトでは、上司からのＯＫをもらうための「ねらい」をテキストで説明しましたが、サマリーではこれを効果的に表現するためにビジュアル表現を使います。

どのようなビジュアル表現が適しているかはパートによって異なります。

以降では、サマリーの六つのパート〈背景〉〈目的〉〈提案〉〈スケジュール〉〈体制〉〈課題〉の順番で説明していきましょう。「『調達いちば』への中小規模メーカーの参加促進策」を例に使います。

提案

1. 参加条件（取引量）の緩和
2. 「調達計画の作成支援サービス」の提供
3. プレスリリースや説明会の実施

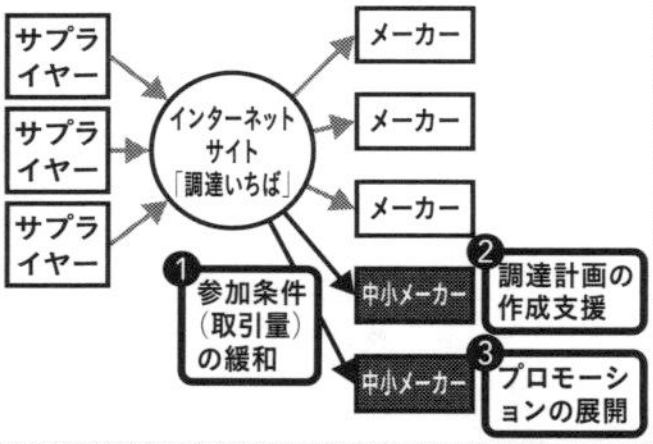

課題

1. サービス設計フェーズの人員の確保
2. 「調達計画の作成支援サービス」のための人員の確保
3. PR会社、イベント運営会社の選定、委託

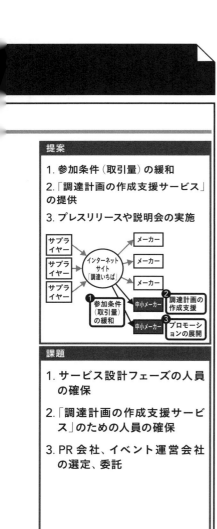

資料（サマリー）の完成版

「調達いちば」への中小規模メーカーの参加促進策　承認のお願い

背景

「調達いちば」の取引量（取引数・取引総額）の低下

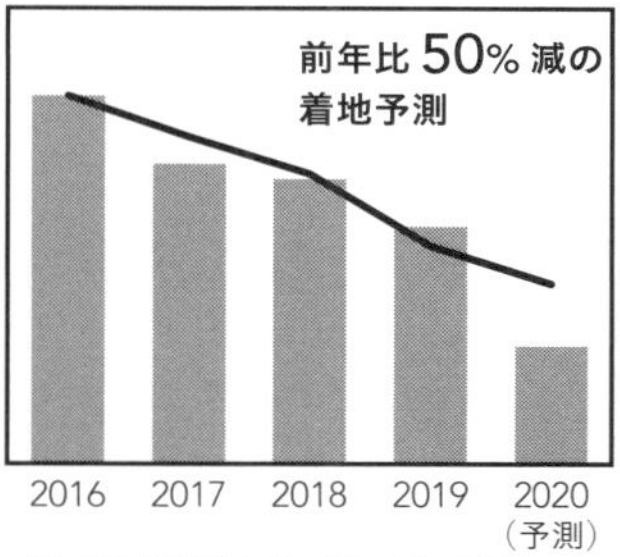

取引総額は前年比 20%減の予測

目的

取引量の増加を図る

✓ 中小規模メーカーに対する参加の促進
（1 年間で 20 社、2 年間で 50 社）

✓ 小ロット取引の拡大
（1 年間で 150%、2 年間で 300%）

スケジュール

新サービスの開始は 4 月を予定

	期間（予定時期）
サービス設計	2 カ月（11～12 月）
システム改修	1 カ月（1 月）
顧客との調整	2 カ月（2～3 月）
新サービスの提供開始	4 月開始
新規参加メーカーに対する利用状況調査	

体制

IS 事業部をコンサル事業部とマーケ部が支援する

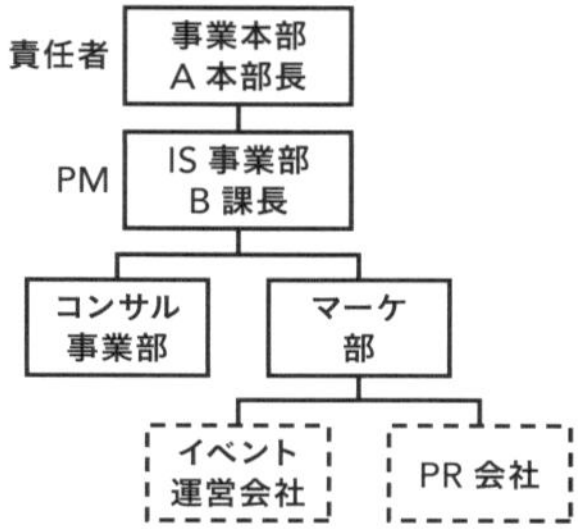

費用　600 万円
外部費用のみ（イベント運営、PR 費用）

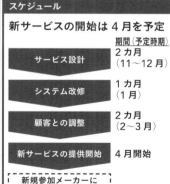

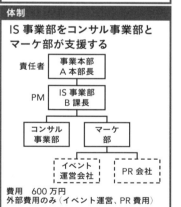

ドラフトからサマリーをつくる

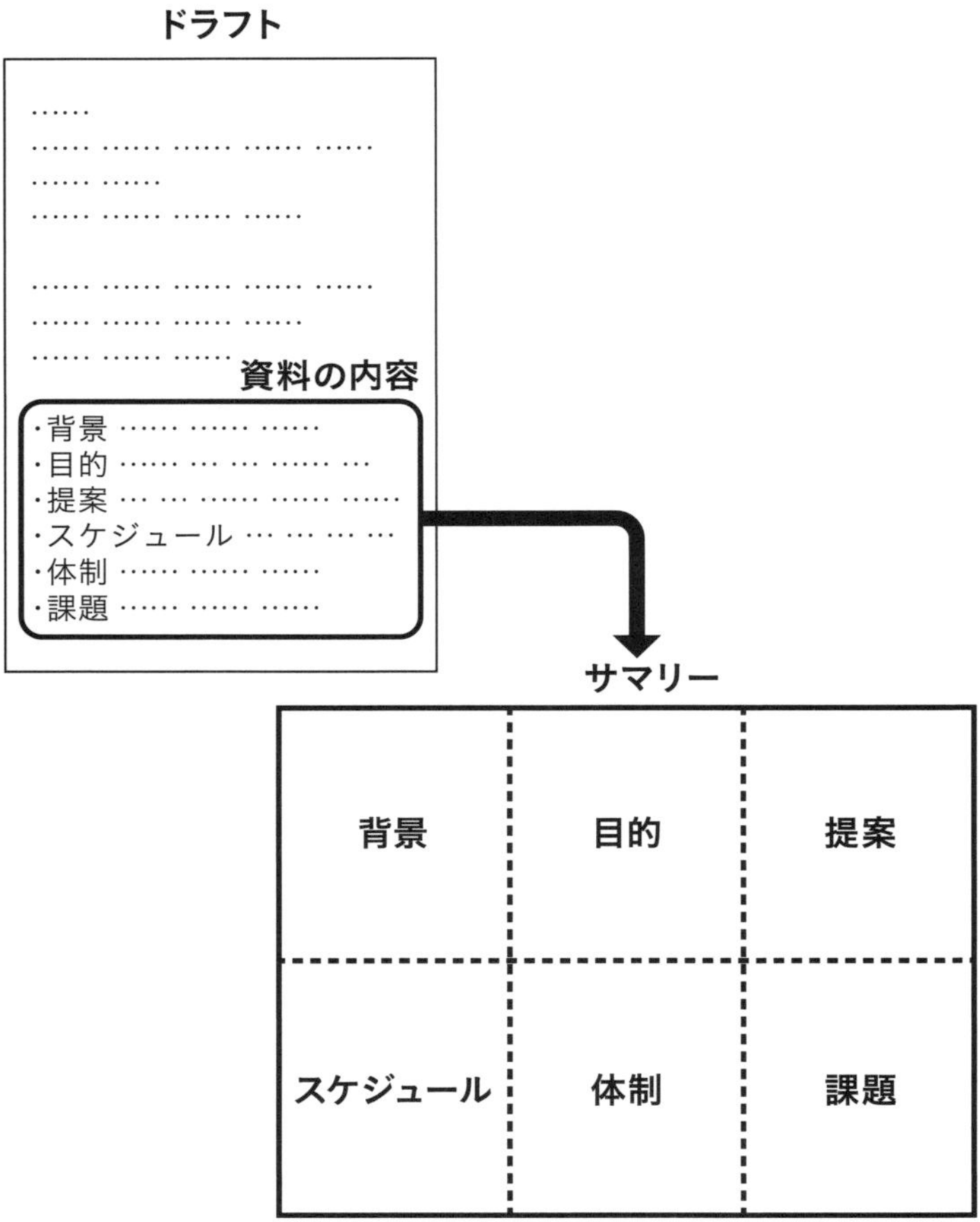

2

〈背景〉は「事実」をグラフで示す

定性データではなく定量データを使う

〈背景〉では、提案の必要性を納得させなくてはなりません。「事実」を説明することで、「このままではまずい」と感じさせます。

事実は「定量データ」で示すことが重要です。データには売上高などの数値として把握できる「定量データ」と、「なぜ購入したのか」といったような数値で表現できない「定性データ」があります。〈背景〉パートに適しているのは定量データです。

たとえば、顧客からのクレーム内容や社員の意識調査の回答内容といったような定性データを、「このままではまずい」事実として提示することもできます。しかし、顧客からのクレーム数や社員の意識調査の点数とした定量データを推移として見せるほうが、悪化していることがよりわかりやすく、納得感を得られます。

〈背景〉で「事実」を説明する

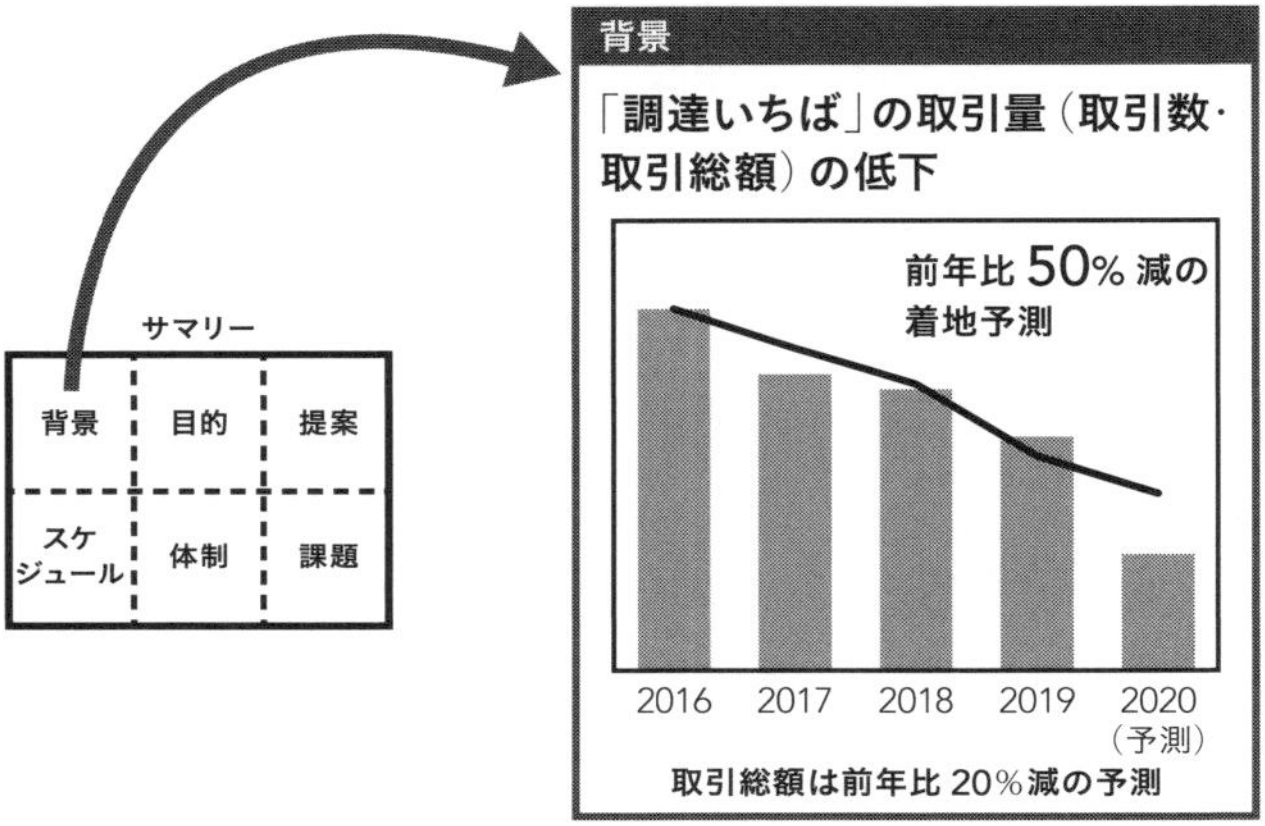

データについてもっとも気をつけなくてはいけないのは、疑いのない信頼のおけるデータを提示することです。

最初の〈背景〉から「本当にそうなのか？」と疑問をもたれるようなデータでは、企画や提案の必要性を感じてもらうことができません。

ここでは、サプライズやオリジナリティなどは必要ありません。商品の売上推移など、会議の出席者がすでに知っている重要な指標をシンプルに提示します。

〈背景〉で示すべきデータは「事実」のほか、「このままだとこのようになってしまう」という「予測」

右肩下がりのデータを示す

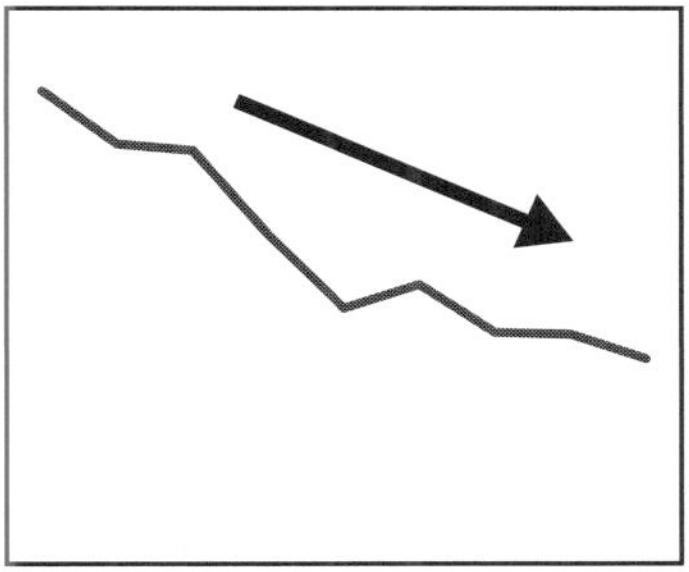

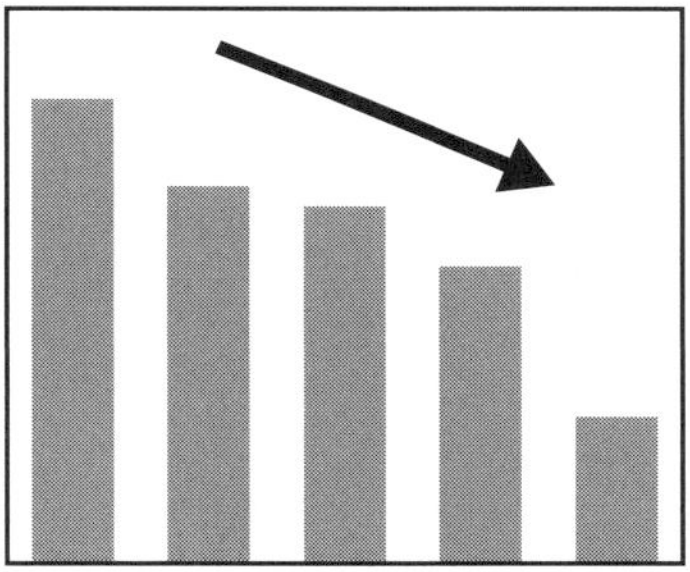

を使うこともできます。

〈背景〉のデータは「このままではまずい」ということを感じさせるのが目的ですから、悪化のトレンドで見せることが大切です。

折れ線グラフと棒グラフを使えば、右肩下がりのデータとして表現することができます（上参照）。

円グラフは、二つの時期の比較を見せることでトレンドを示すことができます（166ページ上段参照）。最も割合の大きな要素が縮小している様を示すように二つの円グラフを並べて表現します。ただし、円グラフを用いた比較は単純な場合のみ有効です。要素が多い場合や三つ以上の時点を比較する場合には、帯グラフ（一〇〇％積み上げ横棒グラフ）を使います（166ページ下段参照）。

悪化（縮小）のトレンドを示す

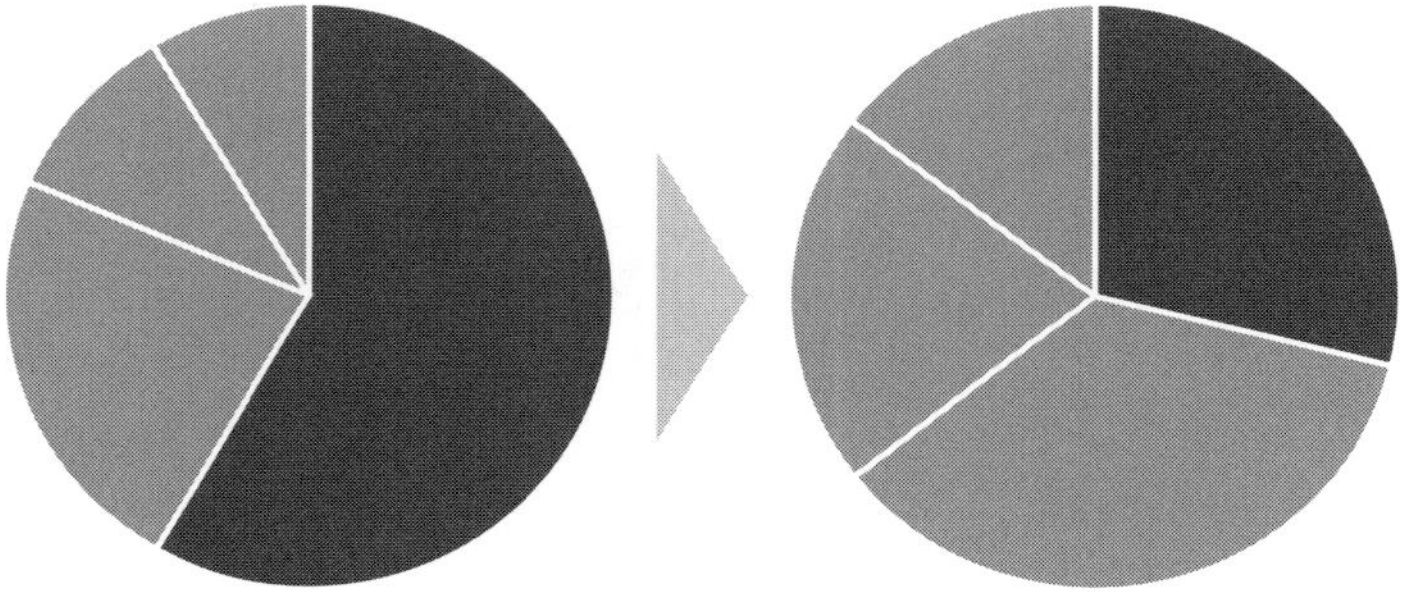

内訳や3つ以上の時点を比較する

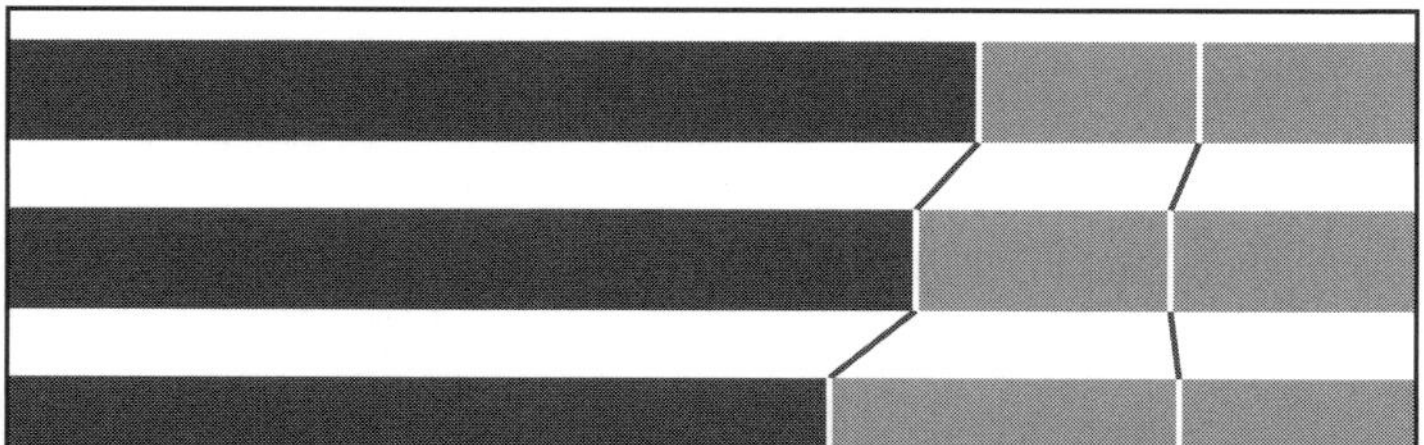

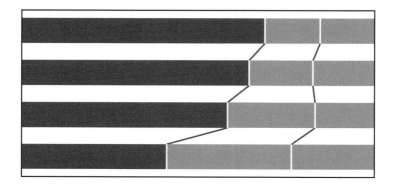

〈背景〉パートに書くべきこと

書くべき内容	事実
	表現方法…グラフ（折れ線グラフ、棒グラフ、円グラフ）
ねらい	「このままではまずい」と知らせる

〈背景〉パートはあくまで資料の導入であり、誰が見ても「ああそうだな」と思わせる強い説明力が必要です。とくに驚くような新事実は期待されていません。誰もが認める「このままではまずい」事実を否定しにくいほどシンプルに表現するのが適切です。

事例『調達いちば』への中小規模メーカーの参加促進策」では、「調達いちば」での取引量の低下が提案の〈背景〉です。

同事業では、取引数と取引総額がＫＰＩ（重要業績指標）として用いられているため、サマリーでもこのデータを提案の背景として使用します。グラフは直近五年分の取引数と取引総額の複合グラフとしました。もっとも低下が深刻な取引数だけにフォーカスしています。

〈目的〉を箇条書きで思い起こさせる

❗「ギャップ分析」で「問題」をとらえる

〈目的〉パートも〈背景〉に続く導入の役割をもちます。「やるべきこと」を説明することで、「やらなくてはいけない」と感じさせます。このパートの内容はグラフや図ではなく、簡潔に箇条書きで表現します。

資料を作成しようとする場合、すでに企画や提案の「目的」は明確になっているのが普通ですが、資料を初めて読む人の視点で、いま一度その目的の設定が適切かを確認しましょう。

目的は「As-is / To-beのギャップ分析」から導くことができます。As-is / To-beのギャップ分析とは問題発見技法の一つであり、現在の姿（As-is）と理想の姿（To-be）のギャップを解決すべき「問題」として浮かび上がらせます（170ページ参照）。

〈目的〉を箇条書きで明示する

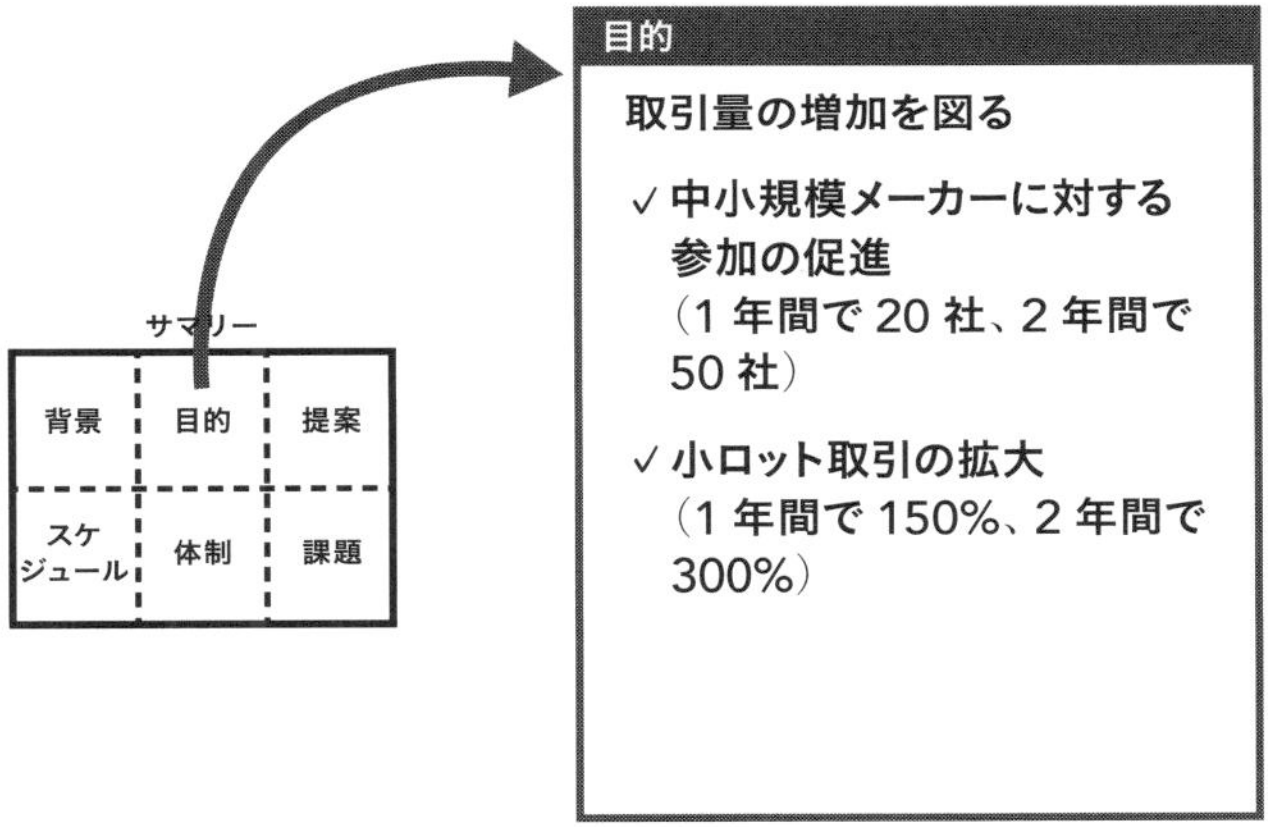

この「問題」を、提案の「目的」と読み替えて成立するかどうか確かめてください。

目的が「As-is」と「To-be」の間にあるギャップに正しく位置づけられていれば、読み手に「やらなくてはいけない」と感じさせることができます。

さらに、あなたの提案が、このギャップを解決する手段の一つと位置づけられていることを確認してください。もし、この関係に違和感がある場合には、資料の読み手にとってはあなたの提案書が突飛なものだと感じられるかもしれません。

提案を承認する立場にある読み手

As-is / To-be のギャップ分析

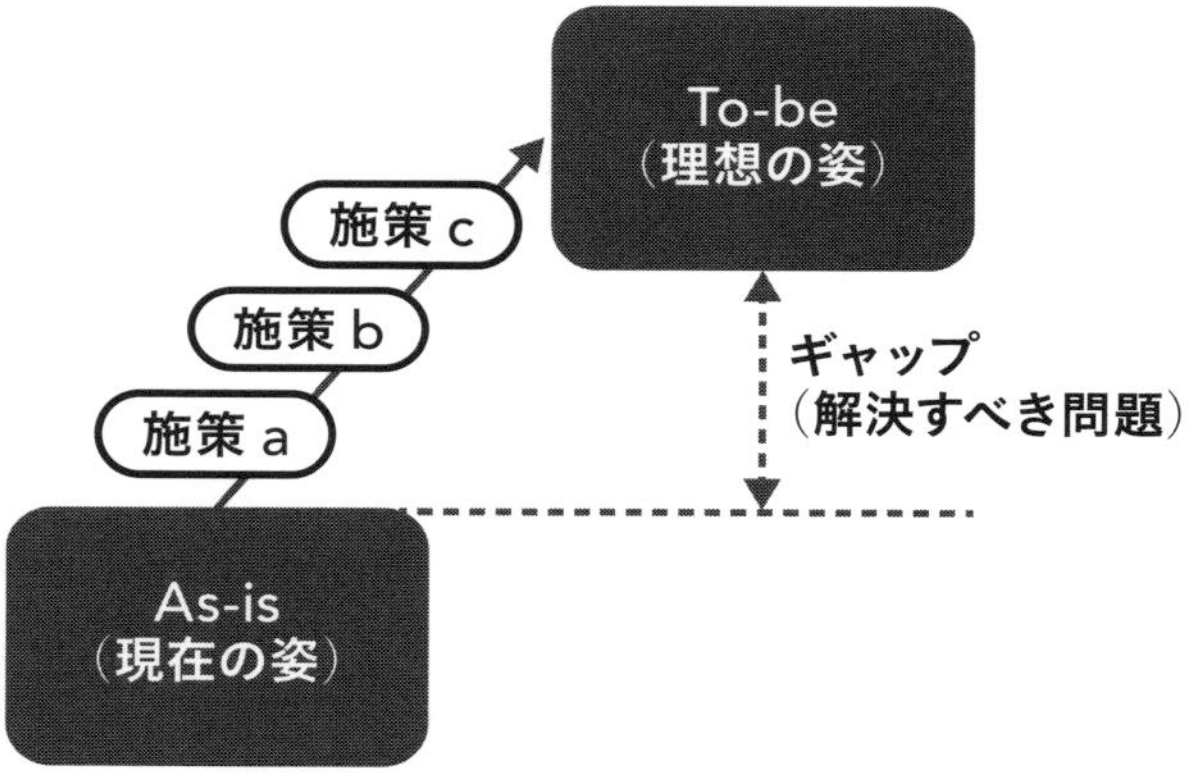

〈目的〉パートに書くべきこと

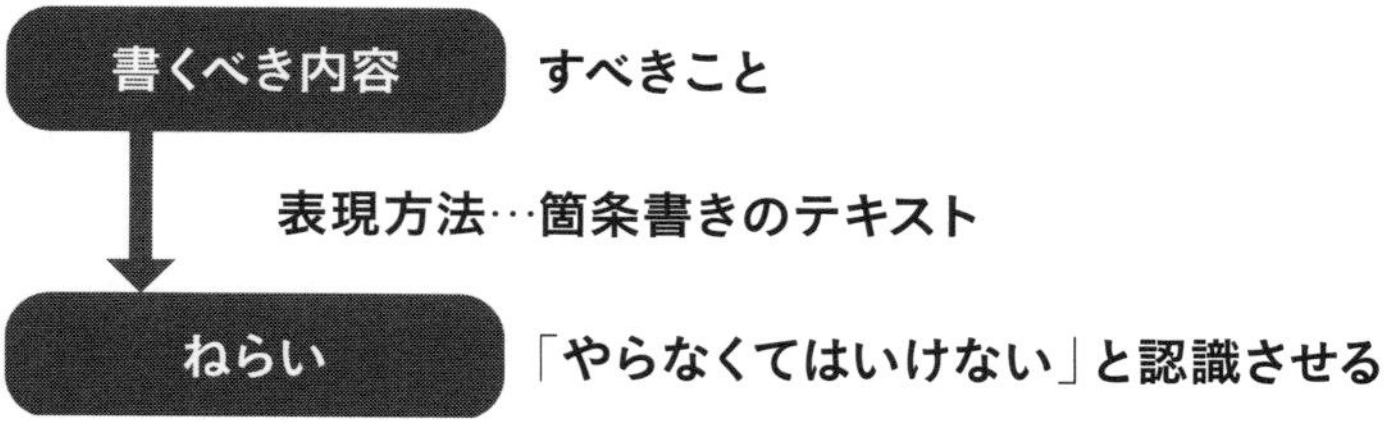

は、その提案が会社の将来に寄与するかどうかという視点で見ています。あなたの提案が解決しようとしているものが、会社にとってのTo-beに至るまでのアクションとして適切であることを確かめておくことが重要です。〈背景〉と同じように、ここで懸念をもたれると、提案そのものへの疑念が生じてしまいます。

Ａ４一枚の資料では、〈目的〉の表現方法として「As-is / To-beのギャップ分析」のイメージを説明する必要まではありません。正しく位置づけられることが確認できていれば、その目的はテキストによる記述で十分に伝わります。箇条書きで簡潔に記述しましょう。

なお、〈目的〉を、数値目標を含めて示すことができれば、提案の必要性に説得力が生まれます。できるかぎり、数値目標を示すことができるように検討してみてください。

事例「『調達いちば』への中小規模メーカーの参加促進策」では、〈目的〉は近年低下が著しい取引量を回復させることにあります。そのためには、より多くの中小規模メーカーにサービスを利用してもらうこと、そして小ロット取引の拡大を図ることが重要です。そこで、中小規模メーカーの新たな参入は今後一年間で二〇社、二年間で五〇社、小ロット取引は今後一年間で一五〇％、二年間で三〇〇％という目標を設定しました。

〈提案〉はイメージとテキストでシンプルに述べる

4

❗ キー概念のイメージを一つだけ準備する

〈提案〉のパートでは、提案の概要を説明することで、「これで解決できる」ことを感じさせます。使用するビジュアル表現はイメージとテキストです。

〈目的〉パートで、As-is / To-beのギャップ分析から目的の位置づけが正しいことを確認しました。この〈提案〉パートでは、あなたの企画がこの目的を達成するために適切であることが前提です。この企画を実行することで、As-isからTo-beに少しでも近づくことを理解させなくてはいけません。

「A４一枚」資料の六項目のうち、この〈提案〉が最も自由度の高いパートです。提案の内容によってさまざまな表現になります。

ポイントはシンプルに表現することです。

〈提案〉を簡潔に説明する

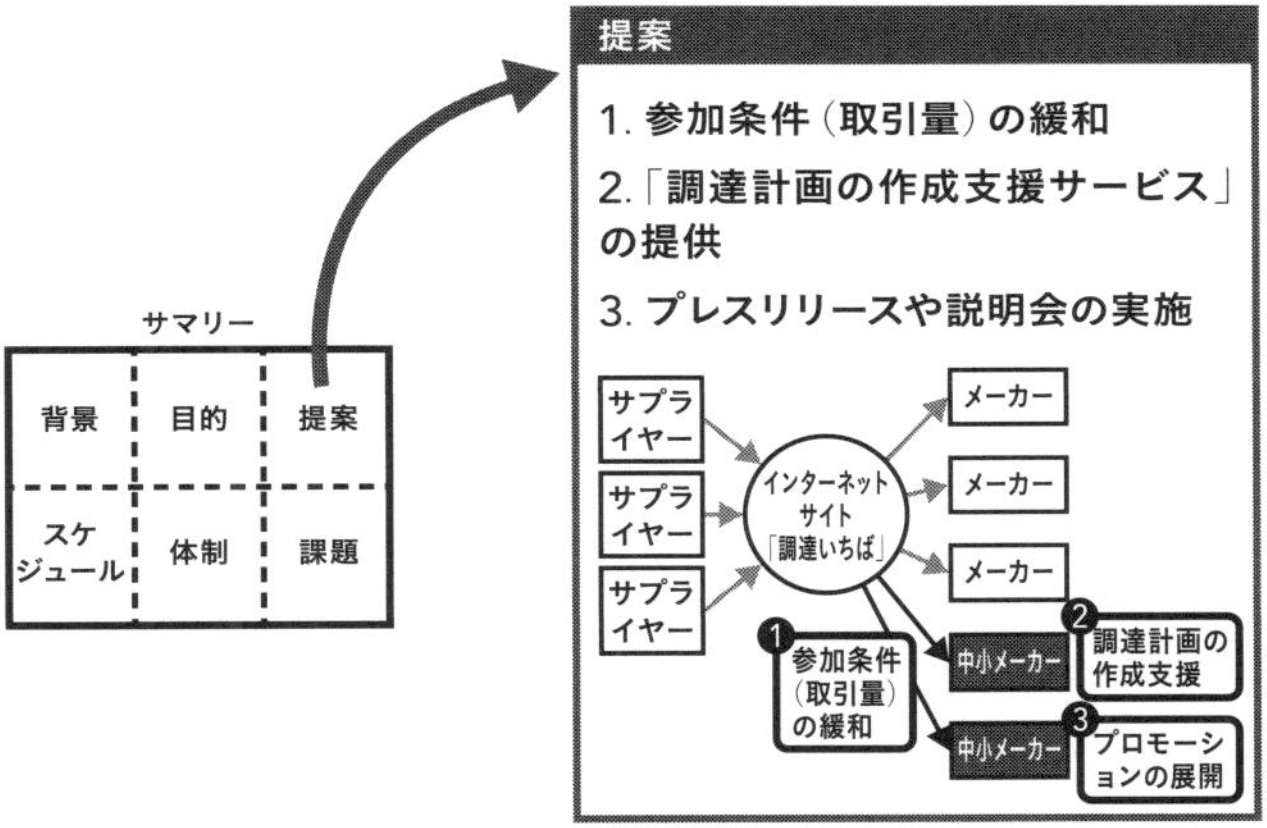

提案担当者は、資料作成にあたって豊富な説明材料を準備できるでしょう。しかし、その全部を盛り込もうとしてはいけません。資料の目的はあくまで提案に対する承認や協力を得ることです。そのためには提案の概要を理解してもらうことが前提です。

ここでは目的を達成するためにこの内容が有効であることだけ示すことができれば十分です。これが唯一無二の提案であるとまで説明する必要はありません。ましてや例外や注意事項などの説明は読み手の理解にとって妨げにしかなりません。

目的に対して十分であることを説

〈提案〉パートに書くべきこと

書くべき内容　提案の概要

表現方法…イメージとテキスト

ねらい　「これで解決できる」と確信させる

明するのがこの〈提案〉パートの役割です。

スペースが限られていますから、説明は簡潔にしなくてはいけません。初見で理解できるレベルで表現します。概念的なイメージと簡潔なテキストで構成しましょう。

キーとなる概念や仕組みなどのイメージを一つだけ準備してください。テキストを読まずに「わかった」と思わせることがポイントです。

このパートでの記述は、担当者であるあなたにとっては少し物足りないかもしれませんが、十分に説明しようとすればするほど、もともと理解レベルに大きな開きのある聞き手とのズレが生じてしまうおそれがあります。

詳細な説明は、資料上に示すのではなく質疑応答に譲るという思い切りも必要です。

事例『調達いちば』への中小規模メーカーの参加促進策」における主要な取組みは三つです。

まず、現在利用しているメーカー各社に、小ロットの取引でも利用してもらえるように料金やシステムを見直します。次に、計画的な調達を行うことが難しい中小規模のメーカーを対象に、「調達いちば」を利用した効率的な調達計画の作成をA社が支援します。そして、プレスリリースや説明会を中心としたプロモーションによってA社の取組みを広く周知します。

サマリーには、インターネットサービス事業部でのこれまでの検討資料のなかから、三つの施策の位置づけを簡単に示す図を選び、使用しました。

〈スケジュール〉はプロセスを示す

❗「ステップ」をビジュアル表現で見せる

〈スケジュール〉のパートは目的を達成するための実行計画の一部です。「どのように実行するか」を説明することで、「無理なく進められる」ことを示します。使用するビジュアル表現は「ステップ」です。

「スケジュール」というと、実際の日付が入ったカレンダー形式をイメージされるかもしれません。しかし、Ａ４一枚資料ではそこまでの説明は要りません。

すでに具体的な実行計画まで進めている場合には、階層化されたタスクごとに担当者や開始と終了の日付などを明記したスケジュールを作成しているかもしれません。

しかし、会議資料で必要とするスケジュールは進捗管理を目的としたものではありません。あくまで実行計画の一部として進め方を説明するものであり、「無理なく進められる」

〈スケジュール〉はステップで見せる

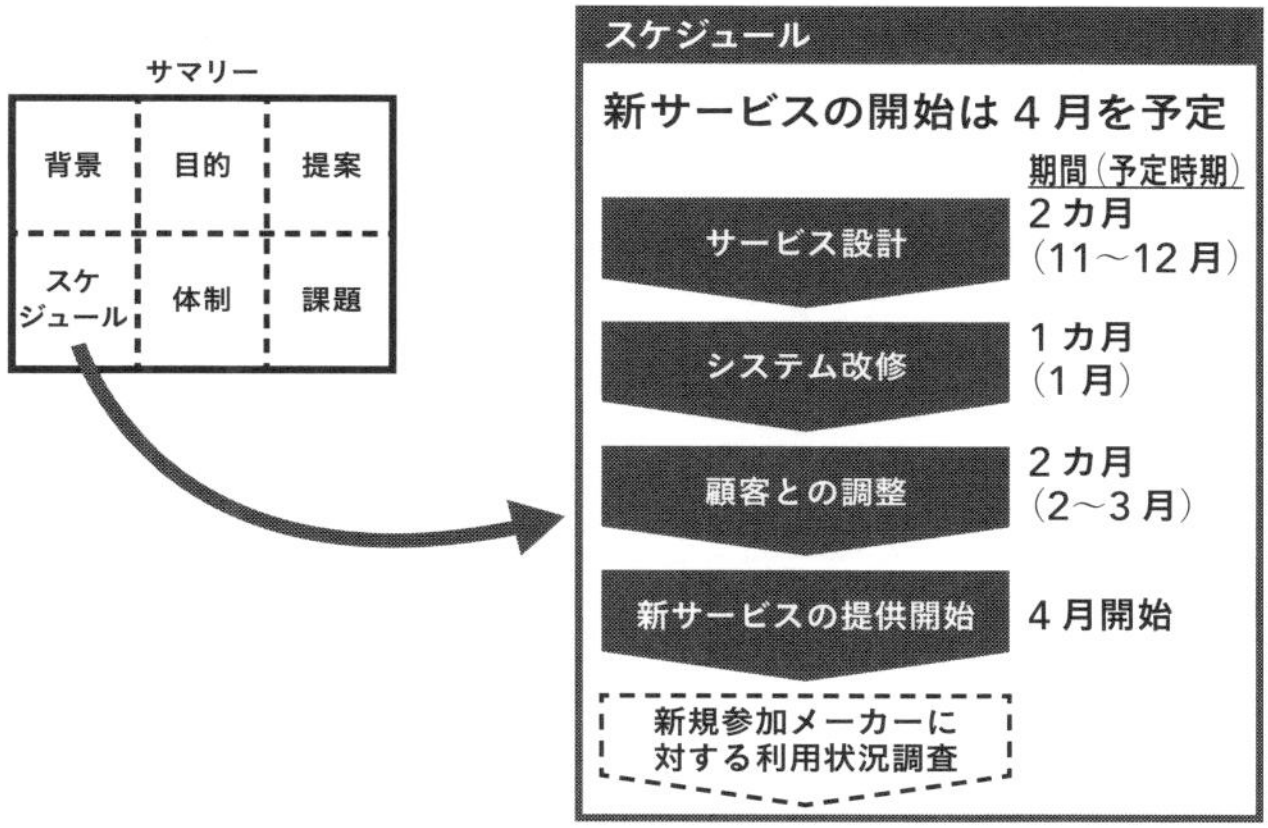

ことを伝えるのが目的です。

とりわけ実行計画に関するパートは詳細になりがちなので、企画について初見の読み手の理解レベルへの配慮が必要です。

スケジュールは「ステップ」として整理します。内容によってステップはさまざまですが、五つ程度にまとめるのがよいでしょう。各ステップの名称は専門でない人にも理解できるように一般的なものにします（178ページ参照）。

各ステップの時期は日付ではなく必要な期間としてもかまいません。

ただし、日付を記載しない場合でも、開始と終了の時期は明示してお

専門外の人にもわかる
一般的な名称でまとめる

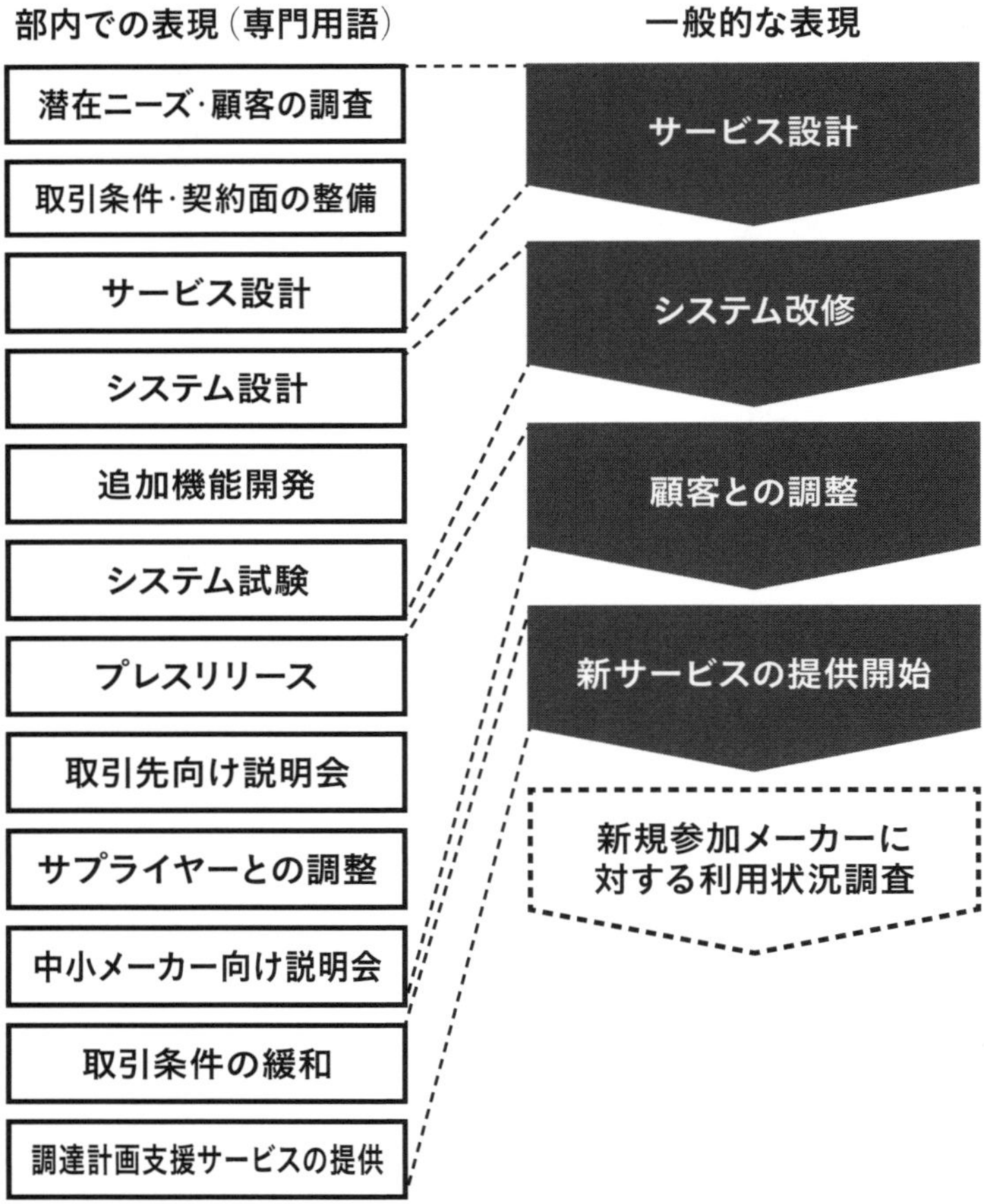

〈スケジュール〉パートに書くべきこと

書くべき内容 どのように実行するか

表現方法…ステップ

ねらい 「無理なく進められる」と理解させる

かなければいけません。これは、目的の達成がいつということであり、さらには、そのためにこの提案の承認がいつまでに必要かという重要なポイントにかかわります。

これをきちんと意識し、承認や協力のために働きかけることが、あなたのもっとも重要な役割といえるかもしれません。

なお、ステップには、できれば「次のステップ」まで記載します。どのような提案でも、たった一度の実施ですべての問題が解決する（To-beの実現）ということはありません。通常、実施結果を振り返り、目的達成の検証や実施によって生じた新たな状況への対応などを行います。

また、「次のステップ」を書いておいて対応への考慮を示すことが、あなたの検討や進め方に対する信頼につながります。

事例「『調達いちば』への中小規模メーカーの参加促進策」を実施するにあたっては、「調達いちば」のＷｅｂシステムの改修のほか、調達計画支援サービスの提供についての取引条件の検討や体制の整備などが必要です。このほか、現在の取引先やサプライヤーに対する事前の調整や潜在的なサービスの顧客に対する説明会など、社外に向けた活動も行います。

施策の実施にあたっては、複数の部門がさまざまな取組みを同時並行で進めることになりますが、サマリーではおおまかなプロセスと必要な期間だけを提示します。ここでのポイントは、新サービスの開始を四月とした場合、早急に取組みを開始しなくてはいけないことです。もし、承認が得られない場合には、新サービス開始時期が遅れることになりますから、会議では出席者に承認を促すように十分に説明します。

〈体制〉はツリーを使って示す

❶ 高いポジションの人を責任者に据える

〈体制〉パートも、目的を達成するための実行計画の一部です。「どのような体制で臨むか」を説明することで、「提案の実現に必要な経験や能力がある」ということを感じさせます。ビジュアル表現としては「ツリー」が適切です。

〈スケジュール〉は簡潔にステップで示しましたが、〈体制〉には具体的な記載が必要です。必要な部署や人員といった体制を「ツリー」で示します。

プロジェクトの責任者とすべての実行担当者を人名を入れて記載します。社外の協力者がいる場合もすべて明記します。スペースにすべてを書けない場合には、部署名の省略や人物名を代表者だけとするなど工夫します。

このパートでの読み手の期待は、実行にあたって「必要な経験や能力がある」ことで

〈体制〉はツリーで表す

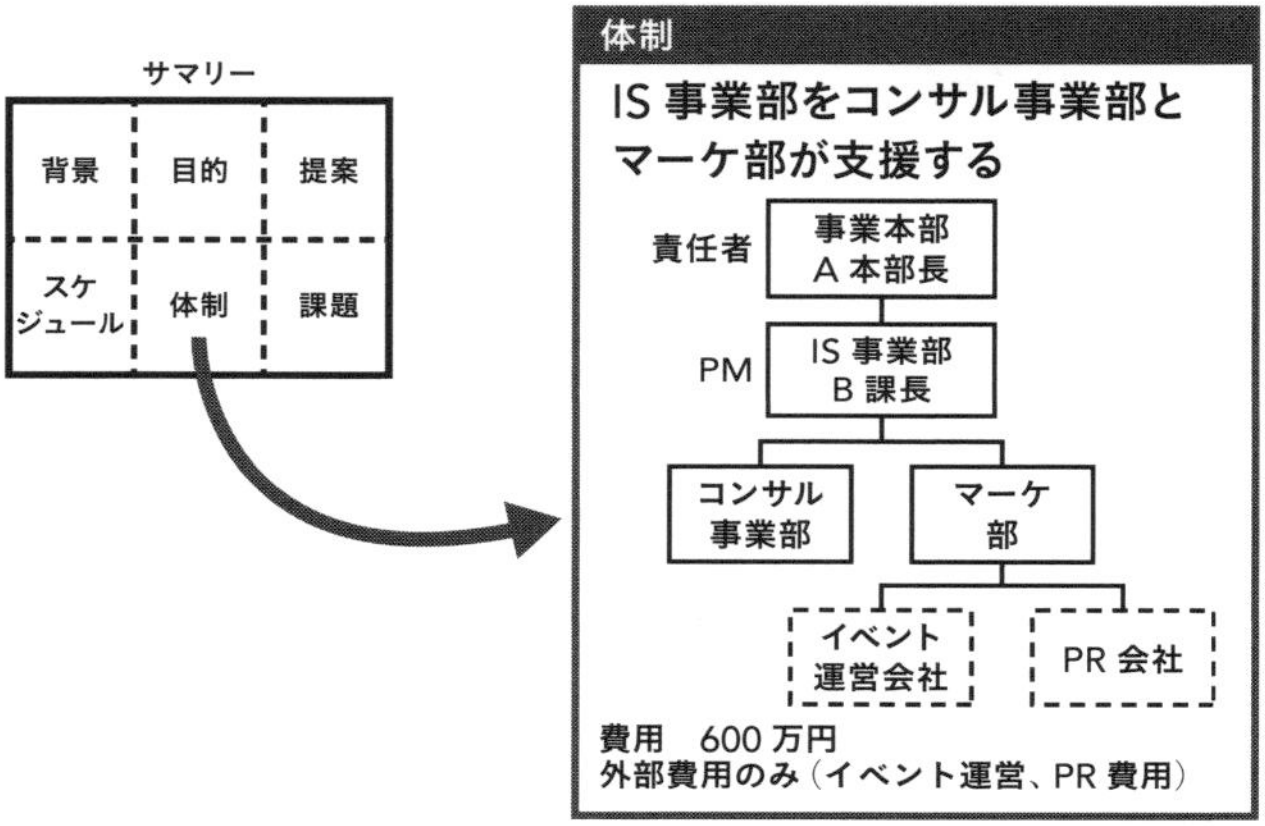

す。しかし、このパートには裏の目的というべき、あなたが果たすべき目的があります。

それは責任者のコミットメントと関係部門の協力を得ることです。

日常業務と異なるプロジェクトや新しい事業には、予測を超える数多くのイレギュラーが発生します。このとき、速やかに関連する部門や人員の協力を得られるかどうかが、実行の成果に影響します。

そこで、こうした施策ではできるだけ高いポジションの人を責任者として据えるのがセオリーで、社長や担当役員などの経営層を設定するのが一般的です。

〈体制〉パートに書くべきこと

書くべき内容 どんな体制で実施するか

表現方法…ツリー

ねらい 「必要な経験や能力がある」ことを示す

会議で理想の体制を希望として示すことによって、協力を得たいと考えている部門長などからのコミットメントを引き出すことができます。

また、企画や提案の実行期間中に必要な費用がある場合には、このパートに記載します。

記載が必要なのは外部へ支払いが発生する費用だけであり、社内の人件費などを含める必要はありません。合計金額だけを記載して、内訳は質問のあった場合に答えられるように手もとに準備しておきます。

事例「『調達いちば』への中小規模メーカーの参加促進策」の実施体制は、インターネットサービス事業部がメインです。責任者であるA事業本部長のもと、インターネットサービス事業部のB課長がプロジェクトマネジャー（PM）を務めます。このほか、サービス設計フェーズではマーケティング部のメンバーにもプロジェクトに参画してもらうことを考えています。また、四月以降の「調達計画の作成支援サービス」はコンサルティング事業部に担当してもらう想定です。

マーケティング部とコンサルティング事業部との調整はこれからなので、サマリーの〈体制〉には部門名までの記載としています。なお、費用は過去の施策を参考に試算したものであり、事業本部が予算を計上しています。

〈課題〉は箇条書きで明示する

❗三つの課題を提示すれば十分

〈課題〉パートでは、解決可能な「課題や懸念」を説明することで、「実行に問題がない」ことを理解してもらいます。簡潔に箇条書きで表現します。

記述するのは課題のみです。課題への対応策については口頭で説明します。スペースが限られているので、重要なものだけを提示します。「マジックナンバー4プラスマイナス1」を思い出してください。三つの課題を提示すれば十分です。担当者のあなたにとって、課題は三つどころではないかもしれませんが、貴重な会議の割当時間のなかですべての課題を議論することはできません。

課題がたくさん提示されている、あるいは提示されている以上の課題がまだまだありそうだという印象を抱かれるようだと、承認をもらうのは難しいでしょう。

〈課題〉は箇条書きで明示する

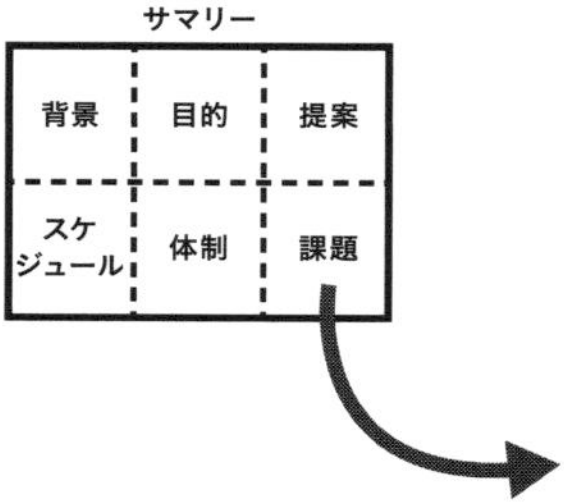

課題

1. **サービス設計フェーズの人員の確保**
2. **「調達計画の作成支援サービス」のための人員の確保**
3. **PR 会社、イベント運営会社の選定、委託**

ここで課題を提示する目的は二つです。

一つは、聞き手から想定される質問への対応です。ここまでのパートの説明から通常想定される懸念に対して、あらかじめ検討ずみであることを示すことで、計画への信頼を高めることができます。

もう一つの目的はより重要です。それは会議出席者への依頼です。

たとえば、他部門から協力が必要な場合。あなたの部門に実行に必要なスキルや経験をもつ人員がいないときなどです。

あるいは、トップのコミットメントが必要な場合。事前の想定が難しく臨機応変な対応が求められるときなど、コストやリソース、期間など、実行計画に及ぶ重要かつ迅速な決断が必要となります。

こうしたとき、「社長プロジェクト」や「全社プロジェクト」という位置づけが役に立ちます。経営層に重要な方策であると認識してもらうことで円滑に進められることがあります。また、会議の参加者の力を借りることで計画の重要な課題を解決するようなこともあります。

大きな予算を必要とする場合や他の部署からのメンバー参加が必要な場合など、経営層なら計画の遂行を阻む課題を解決できます。ふだん打ち合わせが難しい経営層などが出席している会議では、ぜひその機会を活かすべきです。

通常、〈課題〉は上から重要性の高いものを並べますが、トップのコミットメントを求めるようなものは最後にします。資料に従って説明する際、普通に解決すべき課題を二つ説明したあと、これを超える想定外の状況に対しては、トップのコミットメントが必要だと訴えるのが自然な流れです。

〈課題〉パートでもっとも気をつけるべきことは、解決の方法が見えないような課題をそのまま列挙してはいけないということです。

担当者であるあなたは、ほかの誰よりも多くの課題や懸念を感じていることでしょう。

〈課題〉パートに書くべきこと

書くべき内容	課題や懸念
	表現方法…箇条書きのテキスト
ねらい	「問題がない」ことを示す

しかしこの会議の場で出席者に感じてもらうのは、それらが「問題がない」ということであり、その結果としてあなたの提案に対する承認をもらうことです。実行計画が頓挫してしまうような解決できない問題を提示してはいけません。

事前に解決の道が見えているもの、あるいは資料の読み手が解決できるものだけを提示するのがポイントです。

事例「『調達いちば』への中小規模メーカーの参加促進策」は、これまでインターネットサービス事業部だけで検討してきました。これから正式なプロジェクトとして取り組む場合には解決すべきことが数多くありますが、現時点で実行にあたって大きな問題はありません。ですから、サマリーで〈課題〉として提示しているのは、すべて社内の各部門からの協力によって解決できることばかりです。

「サービス設計フェーズの人員の確保」は、マーケティング部への依頼です。新サービスに対するニーズの存在やサービスが提供可能であることまでは確認できていますが、調査や試算、詳細なサービス条件の検討はまだできていません。そこで、プロジェクトにマーケティング部のメンバーに参画してもらう必要があります。

「調達計画の作成支援サービス」は、コンサルティング事業部の新たなサービスとして提供することを想定しています。プロジェクトへの参画はもちろん、今後のサービス体制の確保もコンサルティング事業部への依頼事項です。

「PR会社、イベント運営会社の選定、委託」は、すでに下調べはしていますが、実際にはマーケティング部の判断で行います。なので、これについてはマーケティング部の協力を得られれば問題にはなりません。

今回の施策の実行には、各部門からの協力が必要不可欠です。プロジェクトへの単なる「人貸し」ではなく、積極的な関与を必要とするため、あえて事前の調整を行わずに経営会議に上程することにしました。会議では、会社にとって必要な施策であることを強く訴求し、実現に向けた協力を引き出します。

完成した資料をチェックする

8

❶読み手への期待が伝わる資料になっているか

ここまでで「Ａ４一枚」のサマリーが完成しました。

最後に、Ａ４一枚サマリーの最終的なチェックの方法と、実際に資料として使うときのポイントについて説明します。

まずは、Ａ４一枚サマリーの最終的なチェックの方法として、三つの点を説明します。

◎相手への期待を示す資料タイトルになっているか

◎相手の期待に応えるパートになっているか

◎各パートのメッセージはねらいどおりか

①相手への期待を示す資料タイトルになっているか

まずタイトルで、読み手に何を期待しているかを明確に示すことが重要です。資料のタイトルには、あなたが「何に」ついて説明し、相手から「何を」期待しているのかを表現しなくてはいけません。

多くの資料のタイトルには、「何に」ついての説明かだけが書かれており、「何を」期待しているかがわかりません。たとえば「顧客満足度調査の実施について」のようなタイトルでは、相手は、内容を読むまで何が期待されているのかわかりません。

これは、私がかつての上司からよく指摘されたことです。こうしたタイトルの資料を見せると、読む前にすぐさま「これを読ませて何をしてほしいのかを話せ」と言われました。ときには、読んだあとに「読んだよ、面白かった」と軽く返されてしまったことを覚えています。

あのとき何が悪かったのか、自分が報告を受ける立場になったいまではよくわかります。相手からの期待がわからなければ、どのような姿勢で相手の話や資料に臨めばよいかがわかりません。

先の例では、「顧客満足度調査の実施について」書かれていることはわかりますが、相手への期待はタイトルからはわかりません。「顧客満足度調査の実施についての承認のお願い」かもしれませんし、「顧客満足度調査の実施についてのご相談」かもしれません。

相手への期待までをタイトルに表現すれば、相手は期待に応えることを頭に入れて資料を読むことができます。

なお、一般的にタイトルはできるだけ短くすべきだといわれます。基本的には賛成しますが、「何を」期待しているかを表現すると、タイトルはどうしても長くなってしまいます。ときには「タイトルが長い！」と指摘されることもありますが、伝えるべきことをきちんと相手に伝えることはより重要です。このためにタイトルが長くなってしまうのはやむを得ないと考えます。

②相手の期待に応えるパートになっているか

タイトルで相手への期待を表現したあとは、それを果たすための情報を提示しなくてはいけません。

本書で事例として取り上げた提案書は、「背景・目的・提案・スケジュール・体制・課題」の六パートでした。

資料の内容によっては別の構成も考えられますが、いずれにしても相手の期待に応える最も重要なことを説明しなくてはいけません。このために、ピラミッド・ストラクチャーによって、何を書くべきかを検討する方法を紹介しました。

自分への期待を正しく認識している読み手であれば、この項目名を見ただけで、提案の必要性と実行可能性が検討できる材料が示されていることがわかるはずです。

③各パートのメッセージはねらいどおりか

資料のタイトルで相手への期待を示し、その必要性と検討材料が提示されていれば、あとは実際に各パートに読み手の期待どおりの内容が含まれているかどうかが最後のポイントです。

これについては、各パートで伝えるべき「メッセージ」を明確にしました。提案書の場合には、次のようなことを読み手に感じさせられていれば、提案に対して承認が得られるはずです。あらためてチェックしてください。

「背景」は、現在の状況が「このままではまずい」ということ
「目的」は、現在の状況を変えるために「やらなくてはいけない」こと
「提案」は、目的達成が「これで解決できる」こと
「スケジュール」は、提案が「無理なく進められる」こと
「体制」は、実行にあたって「必要な経験や能力がある」こと

「課題」は、課題や懸念が「実行に問題がない」こと

これらをうまく伝えるために、適切なビジュアル表現を使います。

第1章で説明したとおり、あなたの提案に対して何らかの「決定」を行おうとする承認者側としては、その「決定」を下すために必要とする情報はそれほど特別なものではありません。

この章で紹介した内容だけで、ほとんどのケースで望みどおりの「決定」を得られる資料がつくれるはずです。

❗投影する場合はスライドを用意する

最後に、「A４一枚」サマリーを実際に資料として使う際のポイントを説明しておきましょう。

資料は利用シーンに対応した形式で扱わなくてはいけません。たとえば、会議資料として使う場合には、プロジェクターで投影するのかどうか、プリントしたものを配布するだけなのかに注意します。

紙で配布する場合にはA４もしくはA３サイズの用紙で片面だけを使って印刷します。

「A4一枚」で作成した資料ですが、出力する紙のサイズにこだわる必要はありません。相手が読みやすいサイズを選択します。

プロジェクターで投影する場合は、「A4一枚」資料は四つもしくは六つのパートを縮約したレイアウトですから、書いてある内容はほとんど読み取れないでしょう。投影する場合は、各パートをそれぞれ一枚ずつのスライドに分割した投影用のスライドを別に用意します。

第6章

A4一枚を「詳細資料」に展開する

1

「A4一枚」のサマリーから詳細資料をつくる

❶ サマリーに補足情報を追加する

社内で使う資料は「A4一枚」のサマリーで十分なことがほとんどです。しかし、「A4一枚」にまとめることが常にベストなわけではありません。

「A4一枚」資料のメリットの一つは読み手にとってのわかりやすさですが、それより詳細な説明を優先する場合もあるでしょう。しかし、サマリーを作成していれば、詳細資料をつくるのは難しくありません。サマリーに補足情報を追加すれば完成します。

本章では、「A4一枚」のサマリーから詳細資料を効率的に作成する方法を説明します。詳細資料もサマリー同様、パワーポイントを使ってA4の横レイアウトで作成します。そのイメージを左ページの図解で確認してください。「調達いちば」の事例を入れたものが200ページの図解です。

サマリーを「詳細資料」に展開する

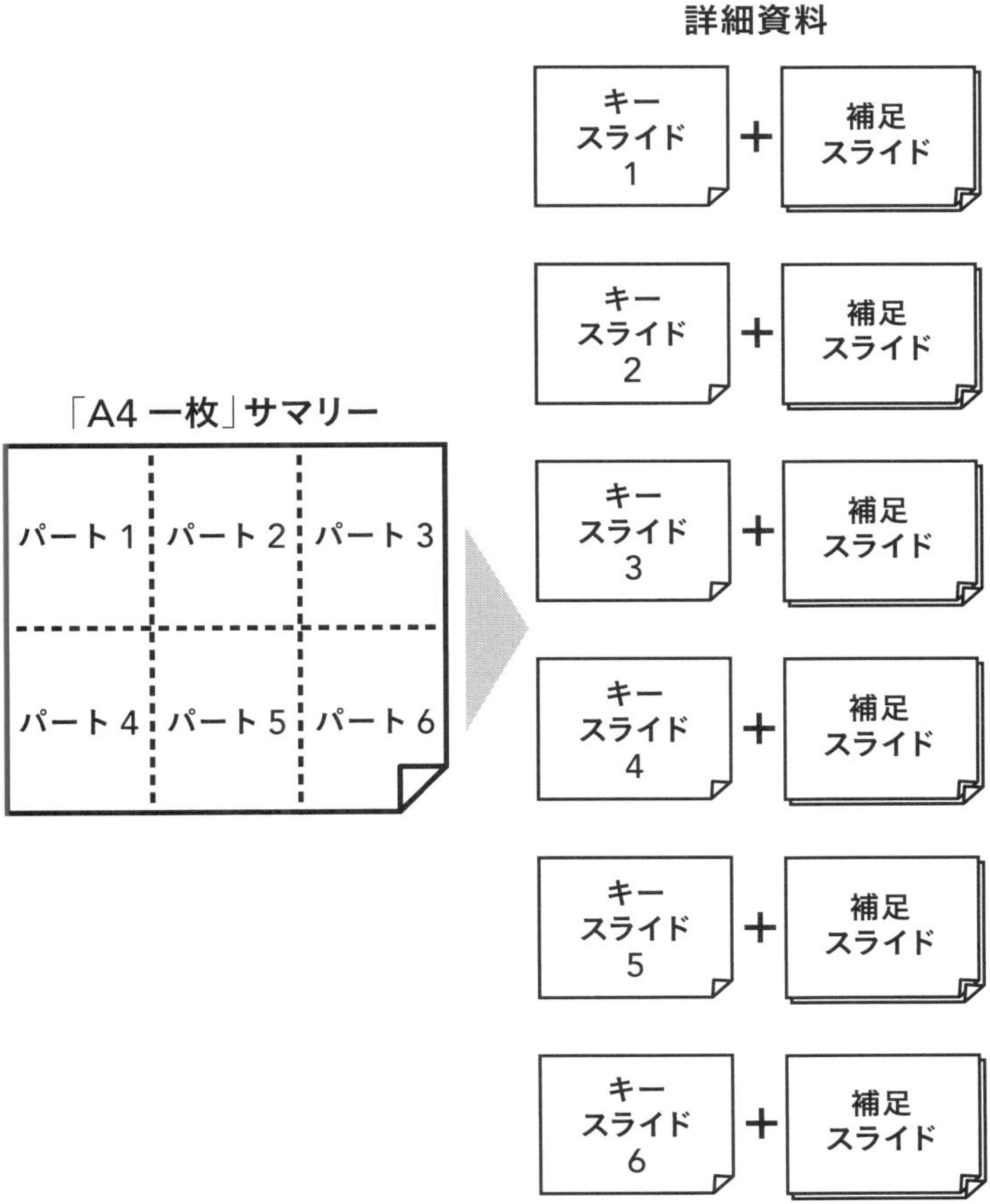

詳細資料への展開イメージ

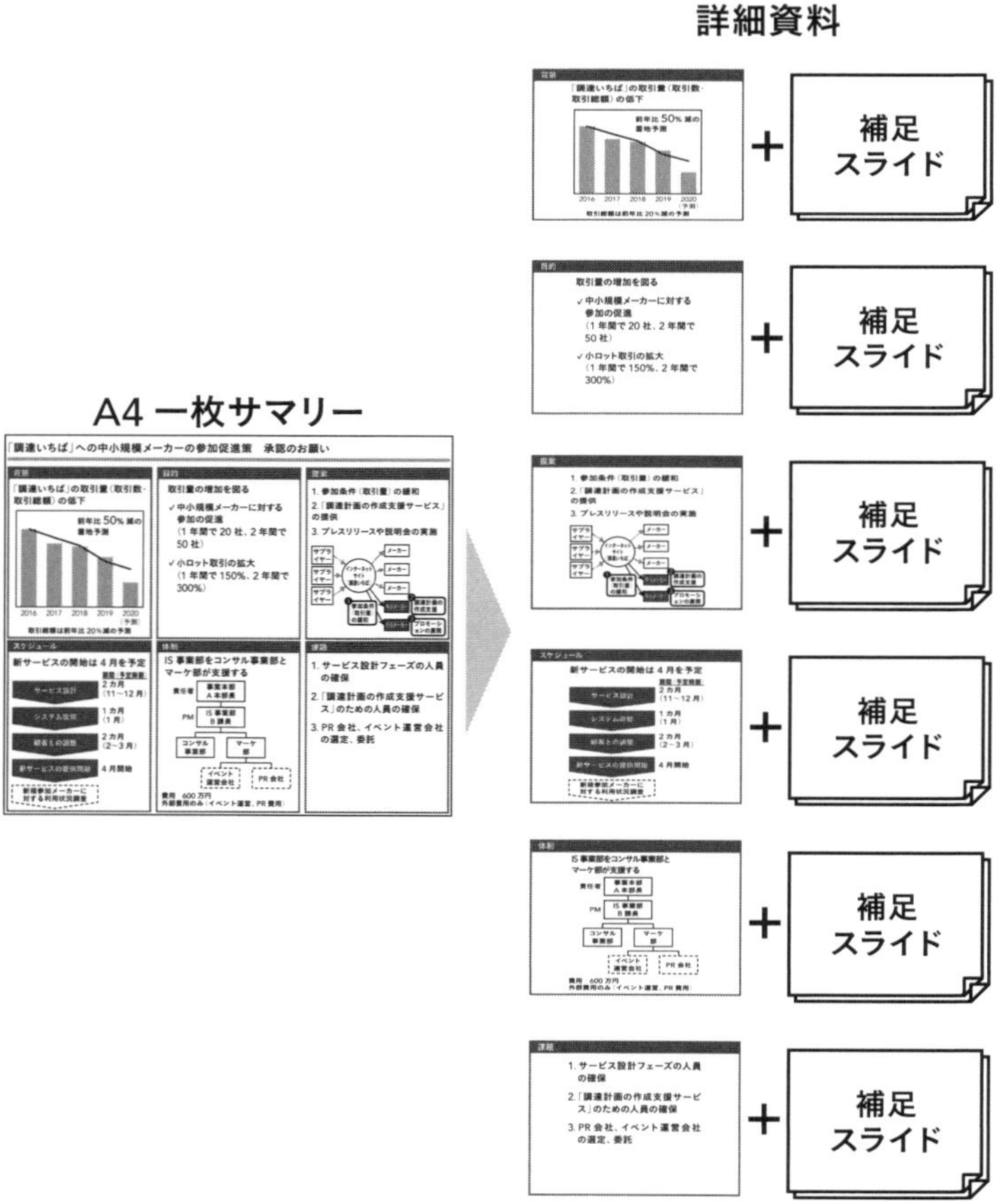

2

サマリーをスライドに展開する

❗各パートを一枚のスライドにコピーする

サマリーを詳細資料に展開する手順は次のとおりです。

①「A4一枚」資料の各パートをスライド（キースライド）に展開する
②各パートから展開されたキースライドに補足スライドを追加する
③プレゼンテーション資料としての体裁を整える
④各スライドのメッセージをチェックする

最初に行うのは、「A4一枚」資料の各パートをそれぞれ一枚のスライドにコピーすることです。

提案書では「背景・目的・提案・スケジュール・体制・課題」の六パートです。これらをコピーしたスライドは詳細資料でも中心になりますから、「キースライド」と呼びます。

パートをキースライドとして展開

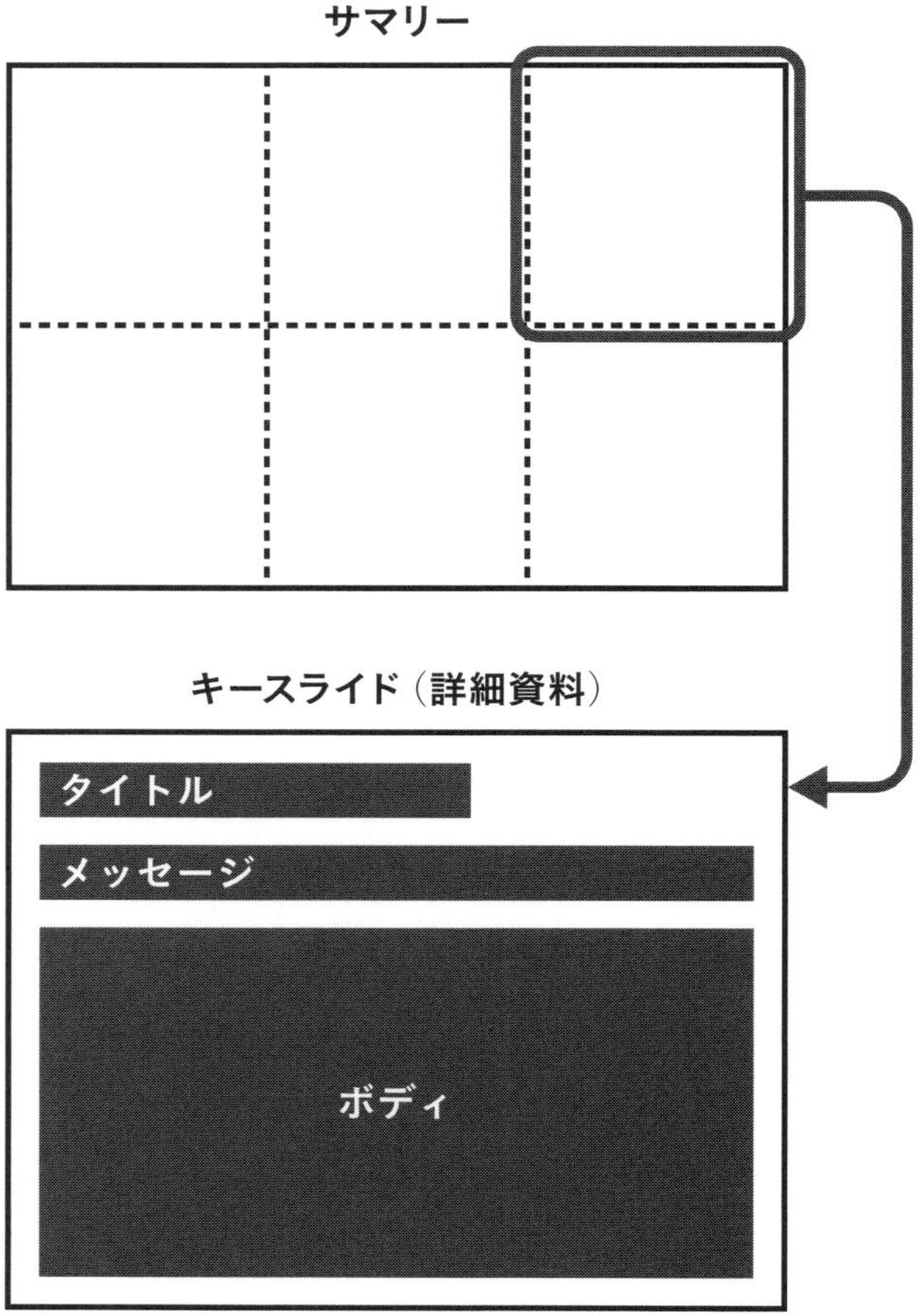

パワーポイントの資料では、「ワンスライド・ワンメッセージ」の原則があります。一つのスライドに複数のメッセージをもつ内容を入れてはいけません。各パートは必ず一枚ずつのスライドに展開します。

「タイトル」は、〈背景〉や〈目的〉など、サマリーのパートのタイトルをそのまま使います。「メッセージ」はスライドが読み手に伝えたい内容ですが、これもサマリーに書いてあるはずです。二行程度に収められるように文章として整えます。

補足スライドを追加する

キースライド一枚につき二〜四枚

次にキースライドを補足する情報をスライドとして作成して追加します。

このとき、資料全体のページ数には注意が必要です。関連する情報をすべて資料化するようなことをしてはいけません。いくら詳細資料とはいえ、ボリュームのある資料が読み手に負担になることには変わりがないからです。

適切なボリュームは、詳細資料が必要とされたその理由によりますし、あるいは読み手の関心の強さや知識レベルにも左右されますから、一概にどの程度がよいとはいえません。詳細資料を作成することを指示された目的や経緯などを考えて、相手の期待に応えられるものを用意するというのが正解です。

適切なボリュームがわからない場合、全体のページ数でゴールを決めてしまうのも一案

ピラミッド・ストラクチャーを活用する

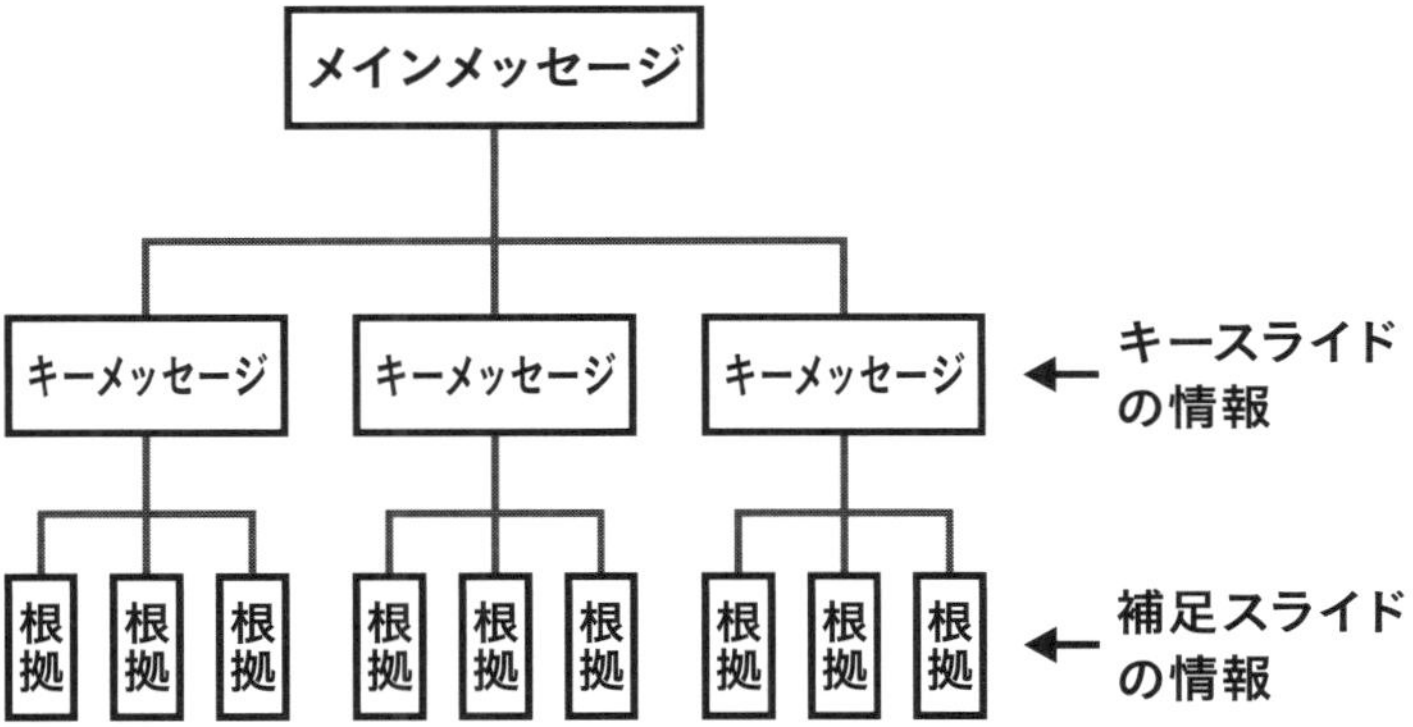

です。「A4一枚」サマリーにくわえて詳細資料が必要とされた経緯から考えると、提案書の場合、詳細資料は全体で一五ページから三〇ページ程度までとすべきでしょう。

補足スライドは各パート（キースライド一枚）につき、二枚から多くとも四枚までが目安です。

もし、キースライドを補足する情報として何が必要か悩むようなことがあれば、ピラミッド・ストラクチャーに戻って考えます。

「A4一枚」サマリーから展開されたキースライドは、ピラミッドのキーメッセージになっているはずです。

ピラミッドは何段目であっても下位を上位が要約する関係になっています。ですから、二段目のキーメッセージを補足するスライドに必要な情報は、ピラミッドの三段目に位置します。

補足スライドにも「タイトル」と「メッセージ」を書きます。

タイトルはそれぞれのスライドの内容を説明する簡潔な表現にします。メッセージは、キースライドと同じように読み手が理解しやすいようにできるだけ簡潔な文章とします。二行に収められる程度が目安です。

メッセージをどう書いてよいかわからないという悩みを聞くことがあります。このような場合、もしかすると複数の内容を一枚のスライドに収めようとしているのかもしれません。複数の内容をもつボディを一枚のスライドにすると、メッセージはそれらを要約する内容にしなくてはならないため、クリアに表現することが難しくなります。もし一枚のスライドが複数のメッセージをもつ場合には、「ワンスライド・ワンメッセージ」の原則に従ってメッセージと同数のスライドで表現します。

プレゼンテーション資料として整える

表紙、目次、中表紙をつくる

ここまでで、キースライドとそれぞれの補足スライドが準備できました。あとは、プレゼンテーション資料としての体裁を整えれば完成です。

詳細資料の作成に必要なのは、次の作業です。

◎表紙の作成
◎目次と中表紙の作成
◎要約スライドの作成
◎最終スライドの設定
◎ページ番号の設定

表紙のイメージ

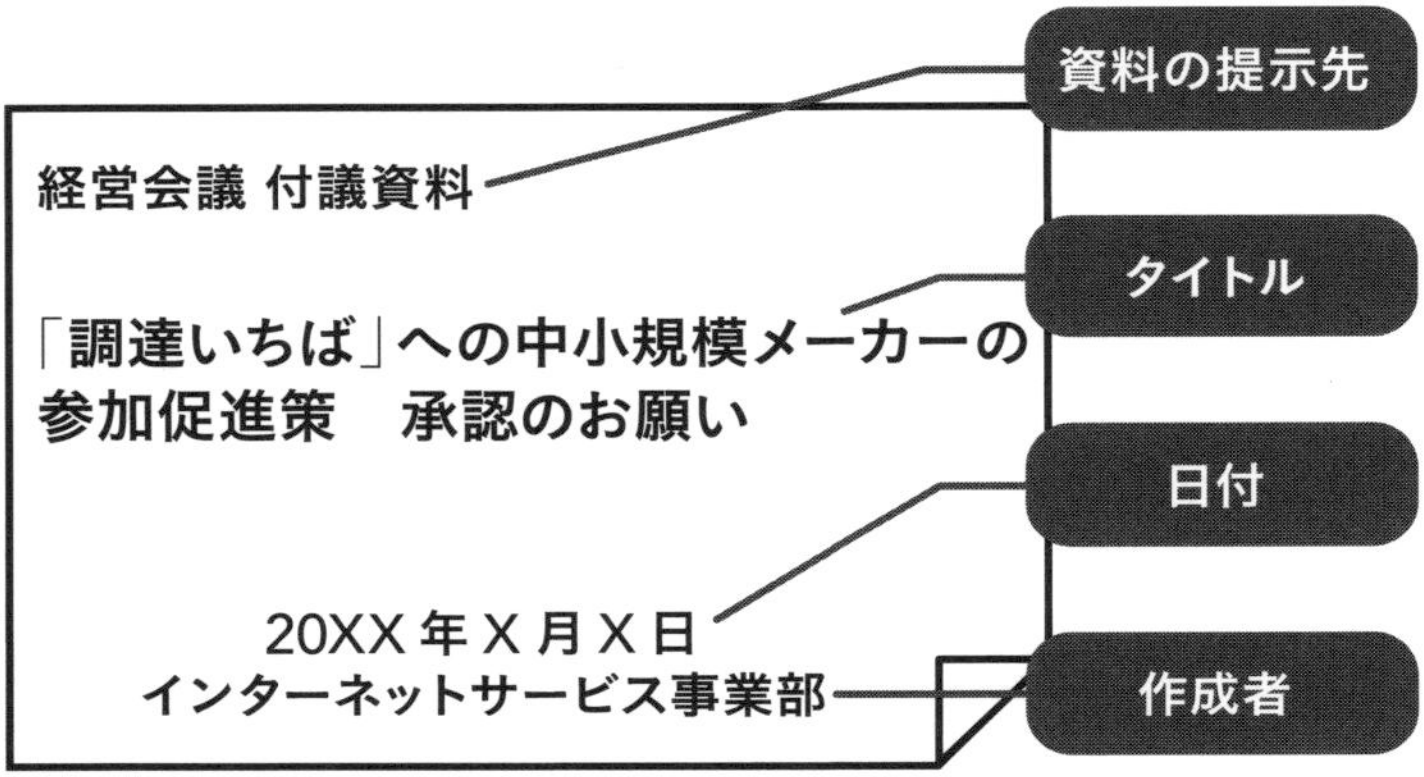

〈**表紙をつくる**〉

表紙には、資料の提示先、タイトル、日付、作成者（または作成部署）を記載します。色やデザインに凝る必要はありません。

社内資料では、凝ったデザインをつくるメリットはありません。凝った資料を見て、労力の使い方を間違えていると考える人もいます。社内資料は「無難に」「きちんと」つくることが重要です。

冗談のような話ですが、あるとき私は、資料のデザインについて「格調高くつくるように」と上司から指示されたことがあります。もちろん、その場で「格調高いデザイン」について聞き出そうとしましたが、はっきりした答えは得られませんでした。

デザインから受ける印象は、受け手の感性によって違います。もしかすると美しい（と感じてもらえる）ものができるかもしれませんが、それは計算された作業によってたどり着けるものではありません。むしろ、そのために費やされるコストを考えれば、社内資料のデザインは、人によって異なる「ベスト」を追求するより、誰もが納得する「ベター」を目指すのが適切です。もし、社内で指定されたフォーマットがあるのならそれを使いましょう。

ちなみに、私がつくった資料のデザインに「格調高さ」が備わっていたかどうかはいまでもよくわかりません。目的が無事に達成できたという事実から、私はそのときの自分の仕事に満足しています。

〈目次と中表紙を作成する〉

目次は、キースライドのタイトル、つまりサマリーのパート名を書けばOKです。中表紙は目次をコピーしてつくります。

目次と中表紙は必ずしも必要なわけではありません。

目次と中表紙のイメージ

目次のイメージ

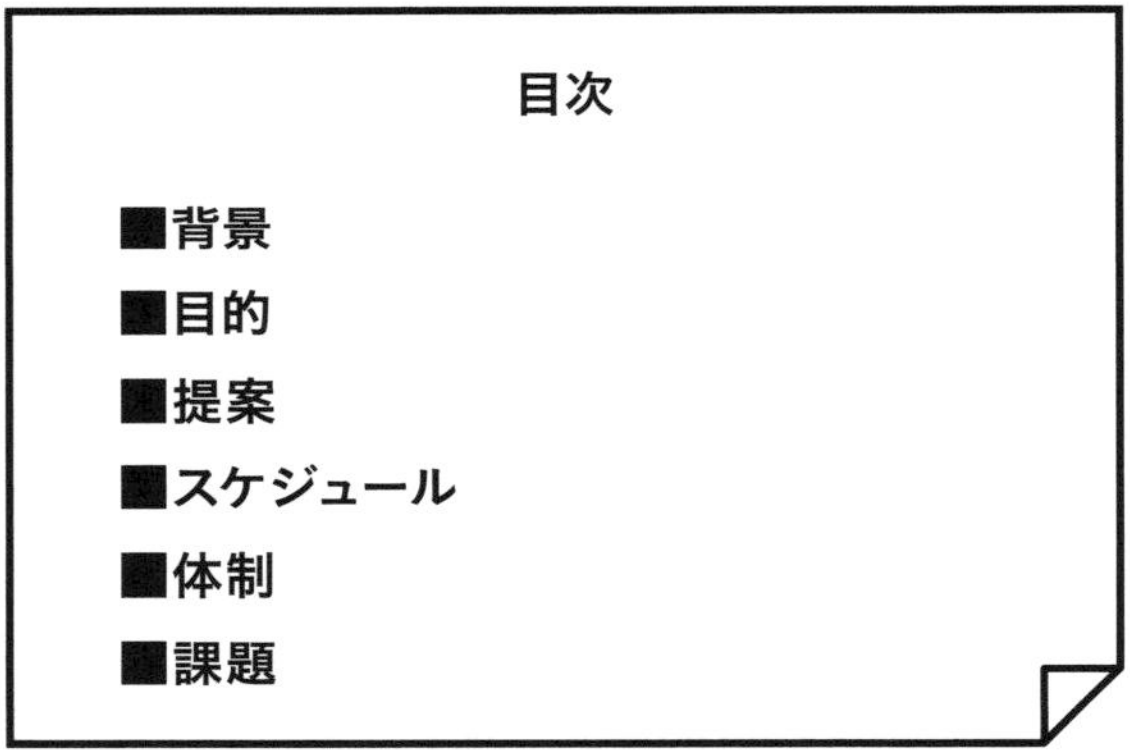

中表紙のイメージ

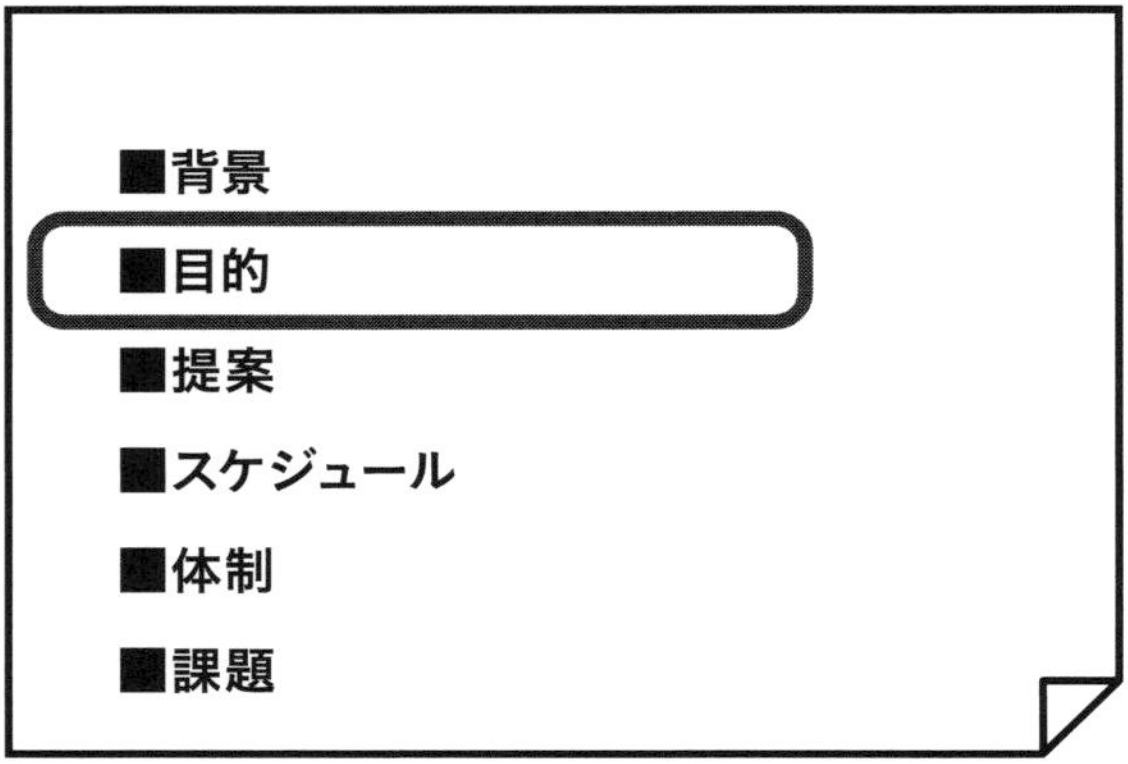

目次のメリットは、最初に資料全体の構成を意識づけることで、読み手がスムーズに内容に入れるようになることです。

さらに、各パートを区切りとして中表紙をつけることにより、資料全体の流れと現在の位置を見失わずに読むことができます。

パワーポイントでつくる資料は、ワードの文書と違ってスライドごとに内容が完結しているため、読み手が流れを見失いやすいといわれます。目次と中表紙は、読み手に対して資料の方向性と現在地を示すことで、安心感を与えます。

一方で、目次と中表紙をつけないメリットは、資料の流れを中断しないことです。よくできたストーリーの資料では、いちいち区切らずに説明を続けたほうがよい場合がありまず。営業目的でのプレゼンテーションでは、目次と中表紙をつけずに一連のストーリーで説明する形式の資料をつくることがあります。

読み手に安心感を与えるため、目次と中表紙はつけたほうがよいでしょう。ただし、資料全体のページ数が少ない場合には必要ありません。

〈要約スライドを作成する〉

表紙の次に、資料全体を要約するスライドを追加します。作成は難しくありません。キースライドの各メッセージを箇条書きでまとめるだけです。

ピラミッド・ストラクチャーで論理的に設計している資料の場合には、キースライドのメッセージを連ねるだけで論理的なストーリーになります。簡単に作成でき、読み手にもわかりやすいスライドをつくることができます。

要約スライドは必ずいるわけではありません。目次と中表紙と同じように、容易に理解できる程度の内容やボリュームなら、つけなくてもかまいません。資料によって要否を判断してください。

〈最終スライドを設定する〉

最後に「ご清聴ありがとうございました」と書かれたスライドをつけている資料を見かけることがあります。おそらく突然終えるのがためらわれるということで、このようなスライドを追加したのだと推測しますが、これはまったく意味がありません。

最後の終わり方は、三つの方法から選ぶことができます。

①要約スライドを追加する
②討議のためのスライドを追加する
③最終スライドをつけずにそのまま終える

三つの方法のいずれがよいかは、資料の利用シーンによって判断します。

汎用的に使えるのは、最初に使った要約スライドを最後に追加（再掲）する方法です。最初にもっとも言いたいことを説明し、詳細を伝えたあとに、最後にもう一度説明して終えます。言いたいことをきちんと相手に印象づけることができる、とても効果的な方法です。プロジェクターで投影しながら説明する機会がある場合にはこの方法がおすすめです。

また、同じく対面で資料を説明する場合でも、相手に依頼したいことがあるとき、あるいは議論が必要なときは、最後に討議のためのスライドを追加します。

「論点」や「お願いしたいこと」などのタイトルのスライドで、箇条書きで作成します。提案書で最後のスライドが「課題」パートの場合には、これをそのまま使って説明することもできます。

もし、要約スライドによる念押しや討議スライドでの議論が必要のない場合には、内容のないスライドはわざわざ追加しません。

〈ページ番号を設定する〉

通常、資料にはページ数（パワーポイントではスライド番号）を設定します。

「詳細資料」の全体構成

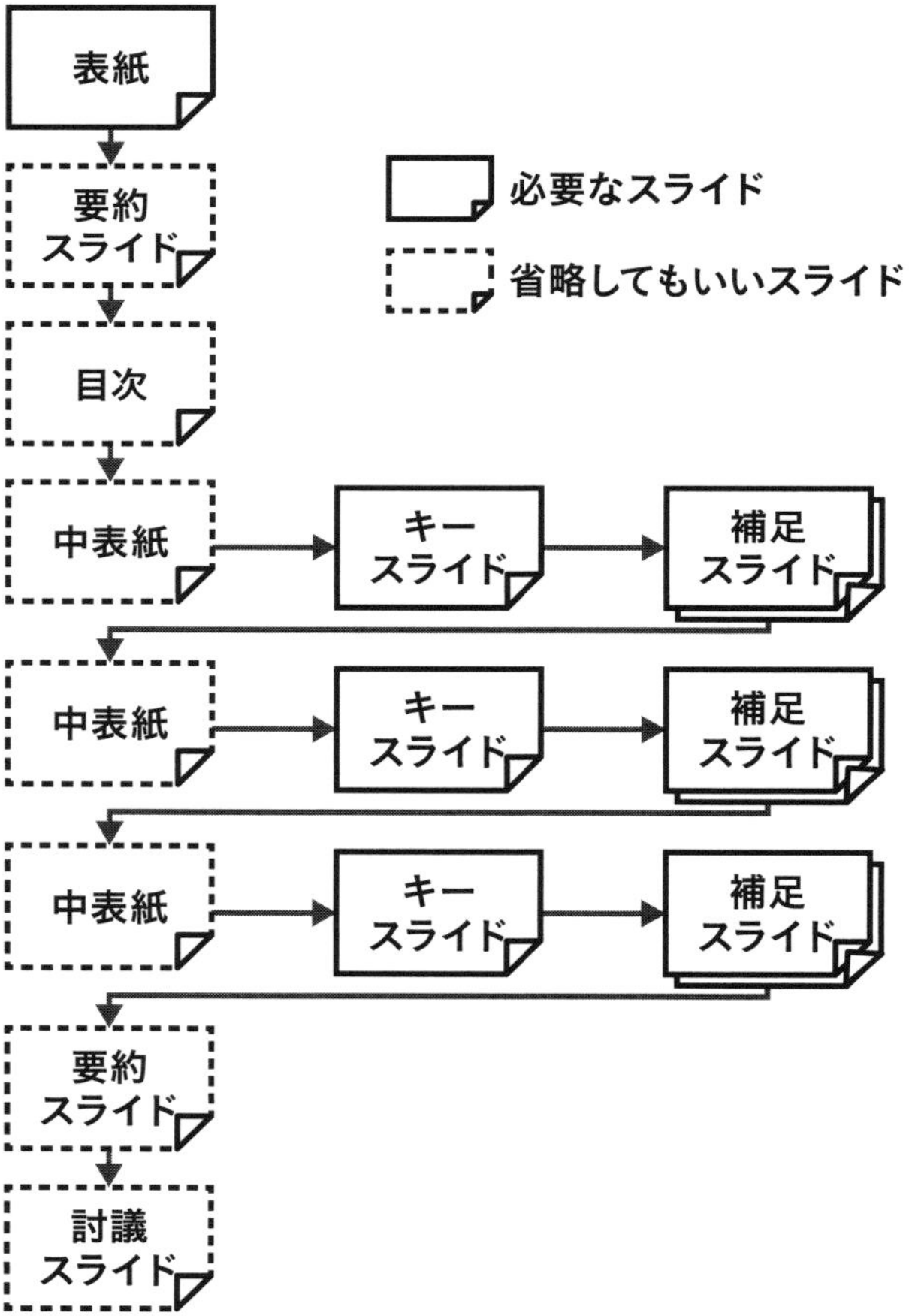
表紙
要約
スライド
目次
中表紙
キー
スライド
補足
スライド
中表紙
キー
スライド
補足
スライド
中表紙
キー
スライド
補足
スライド
要約
スライド
討議
スライド
必要なスライド
省略してもいいスライド

ときどきページ数を設定していない資料を見かけることがありますが、これは好ましくありません。ページ番号がなければ、読み手が質問をしようとしたときにページを指し示すことができないからです。箇条書きを番号付きにするかどうかも同じですが、番号で指し示すことが想定される場合には番号を設定しておくのが基本です。

パワーポイントで資料をつくる場合、必要なのは表紙だけです。要約や目次、中表紙などは、利用シーンや資料の内容によってつけるかどうかを判断します。

スライドのメッセージをチェックする

全ページをプリントして読み返す

最後に、資料全体を通じたメッセージのチェックを行います。

プレゼンテーション・スライドでもっとも重要なのは「メッセージ」です。そしてすべてのスライドのメッセージが連続して資料全体のストーリーになります。

このストーリーが、資料の読み手の期待に応えられているかを確認します。提案書であれば、「なぜこれが必要なのか」「これで解決できるのか」という二点に関して不足なく説明できていることを確認します。

ストーリーの論理に飛躍や破綻があると、読み手は理解ができずにストレスを感じます。読み手によっては、論理的な問題がある資料も理解しようと努めてくれますが、上司や他の部門に提出する場合には読み手に期待はできません。

資料のチェックは作成者以外の人が行います。論理の飛躍や破綻は作成者自身には気がつきにくいためです。

しかし、いつでも誰かに作業を依頼できるとは限りません。そこで、すべてのスライドのメッセージがきれいに流れているかを、自分で確認する方法を紹介しましょう。それは全ページを印刷して並べてみることです。

片面で一ページずつ印刷してください。それをメッセージが見えるだけのスペースを残して下にずらし、一ページめから重ねて並べます。すべてのメッセージが最初から最後まで読みやすく並んでいるはずです。この状態でつなげてメッセージを順に読み、一連のストーリーとして適切かどうかを読み返すのです。

パソコンに表示した状態でもパワーポイントの操作によってメッセージの流れを確認することはできますが、やはり一度に視野に入るアナログな方法にはかないません。私はいまでも最後のチェックは毎回この方法で行います。ページ数が多い場合には自分のデスクに載りません。そういうときは空いている会議室に持ち込み、部屋いっぱいに広げます。あまりスマートな方法ではありませんが、その効果は保証します。

論理の飛躍や破綻を自分で見つけるのは難しいので、発見のための工夫は欠かせません。ぜひ試してみてください。

❗ 補足資料として別途まとめる

もし、補足スライドの追加によって設計時のストーリーが見えにくくなってしまっている場合はどうしたらよいでしょう。

「ストーリーの流れが悪い」と感じるとき、よくあるのは補足情報によって説明が脇道に深く入っていることです。丁寧に説明しようとすれば、ストーリーに登場する情報や言葉を一つひとつ説明することになります。

こうした補足説明は、メインのストーリーからするといわば脇道であり、そこでの説明を終えたあとは毎回もとのストーリーに戻らなくてはいけません。読み手からすると、「なるほどわかった。で、なんの話だっけ?」となってしまうわけです。

補足する情報が多い場合には、詳細資料に含めずに「Appendix（補足資料）」として別にまとめます。

Appendixは本編とは別ファイルとしてまとめるため、パワーポイント以外のソフトウエアを使ってつくることができます。ワードやエクエルのほうが向いている情報のときにもAppendixの利用が有効です。

おわりに

私はこれまでの会社員生活でさまざまな立場で仕事をしてきましたが、どの仕事でも資料作成は欠かせない作業でした。デスクワーク中心の会社員にとって、「仕事をする」とは、「資料をつくること」だと言えるかもしれません。

もちろんこれは、本来のビジネスパーソンの姿ではありません。会社は、営業活動により利潤を得ることを目的としています。社員は、その活動の一翼を担う存在として、より直接的に利潤に貢献する仕事を優先すべきです。資料作成はそれ自体が目的ではありません。

しかし、今後も会社から資料作成がなくなることはありません。そのため、わかりやすい資料をより簡単につくる方法の習得は、すべてのビジネスパーソンにとって必要です。

最後に、本書の背景になっている一つの思想を紹介しましょう。それは「目的のための行動をせよ」です。

提案の行末を決める重要な資料がたった「A４一枚」で書けるのはなぜか——。

提案資料の目的は承認を得ることだからです。ならば会議では参加者が承認するための情報を見せればよいと考えます。情報収集についても同じです。伝えたいメッセージの根拠として使う目的の範囲で探索するのがポイントです。

近道はいつも目標に対してまっすぐ向かうことです。山を登るときには、目の前のこの曲がりくねった登山道ではなく、山頂までまっすぐに行く方法はないのかと考えます。しかし、資料を作成しようとするとき、人はなかなかこの近道を選びません。自分の知っている限りのすべてを資料にまとめようとする。資料作成を通じて自分の能力やセンスを認めてもらいたいと考える。このような考えによって、私たちは簡単なはずの作業を自ら複雑にしてしまいます。

本書ではわかりやすい資料をより簡単につくる技術を紹介しましたが、その背景にあるのは「目的のための行動をする」ことの重要性です。本書が、日々仕事に追われる多くの方の「近道」を見つけてもらうきっかけになれば、これにまさる喜びはありません。

本書の刊行にあたっては多くの方にご協力をいただきました。この場を借りてお礼を申し上げます。CCCメディアハウスの鶴田寛之様には出版という素晴らしい機会をいただきました。ネクストサービスの松尾昭仁様と大沢治子様、著者スクールの皆様には本書が形にならないうちから多くの助言をいただきました。ブックリンケージの中野健彦様、ことぶき社の大屋紳二様には、執筆が進まない私を最後までご支援いただきました。

私の会社員生活で出会った多くの方にも感謝を申し上げます。本書の執筆を通じて多くの上司や先輩、同僚との思い出に触れることができました。本書で紹介する内容は、私がこれまでに出会った思いやりのある上司、優れた先輩や同僚からの指導や助言によるものです。

こうした指導や助言は、これまで私に多くの成果をもたらしてくれました。本書を通じて、これらがさらに多くの方々の役に立つことを願ってやみません。

二〇一九年二月

稲葉崇志

稲葉崇志（いなば・たかし）

組織人事コンサルタント、株式会社メイクセンス代表取締役。

1972年京都生まれ、静岡育ち。NTTドコモや日本IBMなどでモバイル通信技術を利用した情報システムの提案や導入に携わる。NTTデータ経営研究所では民間企業に対する情報戦略や組織戦略領域のコンサルティング、中央省庁や地方公共団体、業界団体からの委託による調査研究案件を数多くリードする。その後、人事系シンクタンクの研究員としての勤務を経て、組織人事コンサルタントとして独立。人材教育や制度改革のコンサルティングなど、組織人事領域から企業の支援に取り組んでいる。会社員としての勤務の傍ら筑波大学大学院に入学、経営組織論や人材教育論の研究に取り組み経営学修士（MBA）を取得。これまでに、経済産業省や総務省の委託調査研究の報告書や各種白書の執筆、業界紙やWebメディアへの寄稿、経営者団体や大学での講演や講義など、多数の情報発信を行っている。

本書の内容に関するご質問やご意見があれば著者までお知らせください。
資料作成における悩みなどについても歓迎です。
メールアドレス：inaba@mksense.co.jp

社内《しゃない》プレゼン一発《いっぱつ》OK!
「A4一枚《いちまい》」から始《はじ》める最速《さいそく》の資料作成術《しりょうさくせいじゅつ》

2019年3月28日　初　版
2019年9月27日　初版第2刷

著　者　稲葉 崇志
発行者　小林 圭太
発行所　株式会社CCCメディアハウス
〒141-8205　東京都品川区上大崎3丁目1番1号
電話　03-5436-5721（販売）
03-5436-5735（編集）
http://books.cccmh.co.jp
印刷・製本　豊国印刷株式会社

Printed in Japan
ISBN978-4-484-19207-9